AMONTE SCHRÖDER-JÜRSS

»Sie stehen nicht auf der Liste«

GOLDMANN

AMONTE SCHRÖDER-JÜRSS

»SIE STEHEN NICHT AUF DER LISTE«

SÄTZE, DIE EIN LEBEN VERÄNDERT HABEN

Mit Illustrationen von Maya Brenner

GOLDMANN

Die Namen der in diesem Buch vorkommenden Personen, die anonym von ihren Sätzen berichten wollten, sind mit einem Stern gekennzeichnet.

Triggerwarnung: In einigen Kapiteln werden Themen behandelt, die retraumatisierend wirken könnten: »Das Eis sieht irgendwie schön aus« (Suizid), »Deine einzig wahre Freundin Ana« (Magersucht), »Sie werden dich nicht anfassen« (Kindstod).

MIX
Papier | Fördert gute Waldnutzung
FSC® C014496

1. Auflage

in der Penguin Random House Verlagsgruppe GmbH,
Neumarkter Straße 28, 81673 München
Redaktion: Doreen Fröhlich
Illustrationen: Maya Brenner
Umschlag: Uno Werbeagentur, München
Umschlagmotiv: Alekstana Tanasijenko, Maya Brenner
Satz: GGP Media GmbH, Pößneck
Druck und Bindung: GGP Media GmbH, Pößneck
Printed in Germany
IJ CB
ISBN 978-3-442-14307-8

www.goldmann-verlag.de

INHALT

Für meine Eltern.
Und für Nicola.
Weil jede Chance einen Menschen braucht,
der sie einem gibt.

Sätze, die ein Leben verändert haben.
Und die Geschichten dahinter.

Erinnert sich nicht jeder an einen solchen Satz?

»DU BRAUCHST DEIN ABITUR NICHT NACHMACHEN. KOCHEN IST EIN GEILER BERUF«

»DU BRAUCHST DEIN
ABITUR NICHT NACHMACHEN.
KOCHEN IST
EIN GEILER BERUF«

MAX STROHE (42)
STERNEKOCH UND
RESTAURANTBESITZER,
BERLIN

Das Leben meines Vaters und seiner Entourage, meinen Halbbrüdern und anderen Geschwistern, spielte sich in seiner Küche ab. Wenn es eine Sitcom wäre, wäre diese Küche gleichzusetzen mit dem Wohnzimmer von Al Bundy. Die Küche ist groß, wuchtig. Es gibt einen Metzgertresen, der irgendwie reingehievt worden ist.

Dort habe ich einen Steinbutt auseinandergenommen. Da soll man mit dem Messer nicht so reinwichsen, wie man in der Küchensprache sagen würde. Man kommt dem Fisch sehr nahe, geht in das Innere, den Bauchbereich, über den Hals, bis in den Kopf, zieht alles raus. Ein Fisch riecht nach Salzwasser, nach Meer. Wenn man so einen Fisch ausnimmt, riecht es, als würde man noch tiefer eintauchen ins Salzwasser.

Mein Vater hat jede einzelne Bewegung mit dem Messer honoriert: Ho! Ha! Ah ja!

Er hat auch gelobt, dass ich die Physiognomie des Fisches verstünde.

Dann hat er mich, 21 Jahre alt, angeblickt:

»Max, du brauchst dein Abitur nicht nachmachen. Kochen ist ein geiler Beruf.«

Diesen Mann habe ich im Alter von 15 Jahren kennengelernt, auf einer gemeinsamen New-York-Reise, die meine Mutter initiiert hatte. Da ich eine lange Zeit zu kompensieren hatte, wuchs natürlich das Vorhaben, einen stolzen Vater zu haben, ins Unermessliche. Potenzierte sich in eine unerträgliche Begehrlichkeit. Das macht seinen Satz so besonders für mich.

Mein Vater hat natürlich Abitur gemacht, Medizin studiert, spricht Griechisch und all diese Sachen. Er ist Antiquitäten- und Kunsthändler, liest hauptsächlich, guckt Arte und kein Netflix. Er hält Menschen, die ein Wohnzimmer haben, für kleinbürgerlich.

Mein Vater ist Ästhet und Exzentriker. Kunstbesessen, ein unverbesserlicher Idealist. Viele verschiedene Frauen, viele verschiedene Kinder mit eben diesen verschiedenen Frauen.

Dieser Steinbutt hat meinen Vater, um dessen Stolz es mir ging, um dessen Stolz ich buhlte, dazu verleitet, mir zu sagen, wie toll das sei, was ich in meiner Ausbildung lernen würde. Was für ein schöner Beruf das wäre. Dass, wenn er noch mal geboren würde, er sicherlich auch Koch werden würde.

Und da dieser Mensch in keiner Weise berechnend ist oder plant, was er sagt, konnte ich das so wahnsinnig ernst nehmen. Wenn dieser Mann sagt – und er war ja alles, was ich mal werden wollte –, das sei ein geiler Beruf, dann ist es vielleicht gar nicht so ein Scheißberuf. Und dann habe ich mich nicht mehr so sehr geschämt dafür.

Ich bin achtkantig von allen Schulen geflogen. Zuletzt vom Gymnasium. Auf der Berufsschule gab es die Leute, die Maler und Maurer geworden sind. Und dann gab es noch irgendwelche Menschen, die in die Gastronomie gegangen sind, die untersten, anspruchslosesten Ausbildungen.

Quasi letzter Bildungsweg.

Damals war Kochen noch nicht so Rock 'n' Roll Da fing das mit Mälzer und Konsorten erst an. Bis mein Vater diesen Satz sagte, habe ich immer gedacht: Mensch, hättest du doch mal dein Abitur nachgemacht.

Ich habe mit 17 meine Ausbildung angefangen in einem Landgasthof im kleinen Ortsteil Koisdorf. Sinzig in Rheinland-Pfalz hat 17 500 Einwohner, inklusive Koisdorf. Auf der Berufsschule waren alle auf Drogen. 1000 Schüler, einer fertiger als der andere. Ecstasy, Speed, Amphetamine, Haschisch oder Piece. Kein Gras. Ich habe damals angefangen, auf der Berufsschule Kräuter der Provence als Marihuana zu verticken, das ist relativ schnell aufgeflogen, und ich habe aufs Maul bekommen.

Ich habe immer nur mit Drogennehmen kokettiert. Ich war ein sehr feiger junger Mann, habe immer nur Sachen dahingesponnen und erzählt von Dingen, die schon passiert gewesen seien, die aber noch nie passiert waren. Bis ich irgendwann in eine Situation kam, in der ich tatsächlich dafür sorgen musste, dass Dinge, von denen ich erzählt hatte, dass sie passiert waren, auch wirklich passierten. Deswegen habe ich mit vermeintlich sehr hohen Dosierungen angefangen, weil ich ja immer so getan habe, als hätte ich Ahnung.

Ich war dann verliebt. Sehr verliebt in eine Frau. Drei, vier Jahre älter als ich. Das war eine neue Dimension der Zuneigung, die ich empfunden habe. Und auch da war so eine Verzweiflung drin, weil ich gedacht hab, wenn ich jetzt nicht genügend Zeit habe, um sie mit dieser Frau zu verbringen, dann läuft sie mir weg. Aus diesem Grund habe ich mir die Fingerkuppe abgeschnitten.

Die Daumenkuppe. Das geht relativ problemlos, man schneidet schnell, die Messer sind scharf. Ich habe mich einfach dafür entschieden, den Daumen nicht wegzuziehen. Wenn ich eine krasse, blutende Verletzung habe, dann werde ich sofort nach Hause geschickt und habe Zeit für sie, dachte ich. In der Küche ist das aber nicht so, man wird dann noch härter, wächst über sich hinaus, Schützengraben, Kriegsvergleiche, Kameradschaft. Dann haben die mir gesagt, setz dich mal kurz hin, halt den Finger hoch, trink einen Wodka. Kannst gleich wieder loslegen.

Wir hatten immer diese Reste von den Lachsen, die wir auseinandernehmen mussten. Weil der Meister, der Chef, in der hauseigenen Räucherei viel Räucherlachs gemacht hat. Wenn man so möchte, könnte man sagen, ich habe meinen Finger durch die Reste der verwesenden Salmoniden gezogen, damit sich eine schöne Entzündung bildet. Mein Freund Büchse hat mich nach dieser Schicht in einem rotorangen Opel Corsa abgeholt. Wir haben uns mächtig Drogen reingestellt, und zwar so lange, bis der Finger zu explodieren drohte. Dann sind wir ins Krankenhaus. Alles für diese Frau.

Nachdem dieser Satz meines Vaters in seiner Küche fiel und ich mich viel offener dafür begeistern konnte, was der Beruf so mit sich bringt, habe ich überlegt, ob ich irgendwo Fuß fassen könnte, in der gehobenen Küche vielleicht. Ich habe Bewerbungen geschrieben, ins Hamburger H'ugo's, ins Berliner Rutz. Keiner hat mich genommen. Ich war zu alt. Und ich hatte erhebliche Lücken im Lebenslauf, weil ich ja auch schon mal ein Jahr lang irgendwo rumgelegen und gekifft habe.

Schon immer habe ich viel von Äußerlichkeiten abhängig gemacht. Das ist bis jetzt nicht anders: Für Basketball – brauchte ich die neusten Sneaker, fürs Schreiben eines Buches – ein MacBook. Fürs Kochen – da habe ich erst mal ein eigenes Restaurant gebraucht.

Ich habe dann gejobbt von Kaschemme zu Kaschemme. Viel Schweineschnitzel gemacht, bis tief in die Nacht. Ein harter Job. Mit dem Geld, das ich verdiente, habe ich mir die Produkte gekauft, die ich eigentlich verarbeiten wollte. Und dann habe ich angefangen, zu Hause zu kochen: Foie gras, Austern, Krustentiere. Die Kochbücher dafür habe ich zunächst geklaut. In Bonn hatte ich früher schon Reclam-Büchlein aus dem Fenster einer Buchhandlung geworfen: Nietzsche, Baudelaire. Und mein Kumpel Holland hat sie gefangen.

Mein erstes geklautes Kochbuch war *VAU* von Kolja Kleeberg, 58 Euro, da war ich schon in Berlin. Dort gab es einen Buchladen mit Baugerüst, da ließ ich die Kochbücher drauffallen. Ich habe mit meinen geklauten Kochbüchern, *Tim Raue* oder *Aromen*, kochen geübt. Später habe ich sie gekauft.

Mein Vater hat mir immer davon abgeraten, mich selbstständig zu machen. Nicht weil er es mir nicht zugetraut hat, sondern weil er mir unheimlich viel Stress ersparen wollte. »Du kannst doch einfach schön kochen, irgendwo ein paar Fische auseinandernehmen. Lecker. Muss die ganze Scheiße denn sein? Muss das sein mit dem Stern?«

2015 habe ich mit meiner damaligen Partnerin unser Restaurant eröffnet. Dann haben wir überlegt: Wer hat denn viel gefressen und gern gut? Und da ist uns nur mein Vater eingefallen und Gérard Depardieu. Das ging nicht, was sollte man damit anfangen?

Ich habe früher ein Kochbuch geschenkt bekommen von Henri de Toulouse-Lautrec. Das war ein französischer Maler. Und er war bekennender Alkoholiker, einen Meter dreißig groß. Lautrec hat gern Dinnerpartys gegeben. Ein sehr durchmischtes Publikum:

Bordsteinschwalbe, Bürgermeister, alle konnten rumhängen, sich wohlfühlen. Und wegen der viel zitierten Schwellenangst bei Sternerestaurants haben wir gedacht: Da wollen wir mal hin – es soll aber keiner merken. Wir haben es dann »Tulus Lotrek« genannt.

2017 gab es den ersten Stern. Dieser Stern war das Höchstmöglichste, was aus meinem Satz hätte entspringen können. Weil ich nie damit gerechnet habe, in meinen kühnsten Träumen nicht. Am Alexanderplatz hat man selten Empfang. Und ich kannte die Nummer nicht. Diese Person fragte mich, ob sie mit Max Strohe sprechen würde, und ich sagte: »Na ja, Sie rufen mich ja an, also können Sie erst mal sagen, wer Sie sind.«

Der Chef des Guide Michelin.

»VERSUCHE, DEIN LEBEN
ZU MACHEN«

»VERSUCHE, DEIN LEBEN ZU MACHEN«

MARGOT FRIEDLÄNDER (102)
ÜBERLEBENDE
DES HOLOCAUST,
BERLIN

Ich habe mich gefragt, als ich von dieser Buchidee hörte, ob das oft vorkommt. Dass ein einziger Satz so einflussreich ist, wie es bei mir der Fall war: »Versuche, dein Leben zu machen«. Wie fängt man so etwas an? Wie habe ich angefangen? Ich meine, mit nichts.

Ich war auf dem Weg von der Nachtschicht nach Hause zu meiner Familie, meiner Mutti und meinem Bruder Ralph. Wir wollten fliehen. Nach Schlesien zu Verwandten. Eine letzte Möglichkeit. Zu der Zeit wohnten wir schon nicht mehr daheim, sondern in einer »Judenwohnung« in der Skalitzer Straße, Haus Nummer 32. Seit zwei Jahren musste ich bei den Deuta-Werken in Berlin zwangsarbeiten. In der Nachtschicht waren alles Juden. Es war der 20. Januar 1943. Ich hatte mit Mutti verabredet, dass ich mich nach der Nachtschicht krankmelden würde. Man sollte mich am nächsten Tag nicht in der Fabrik erwarten.

Die Deuta-Werke waren in einer Nebenstraße von der Skalitzer Straße, also konnte ich laufen. Den Brief mit meiner Krankmeldung hatte ich bereits bei der Fabrik in den Kasten geschmissen. Um diese Zeit, 12, vielleicht 13 Uhr, war es mittags eher ruhig. Ich war also auf dem Weg nach Hause. Und sah dann diesen Mann, der anders aussah als die Menschen, die die Skalitzer Straße sonst hochkamen. Er trug einen Mantel und einen Hut. Wenn der ins Haus geht, sei vorsichtig, dachte ich. Und als er hineinging, in die Hausnummer 32, da sagte ich mir: Was mache ich?

In dem Haus wohnten viele Leute, er hätte auch zu jemand anderem gehen können. Ich muss nach Hause, dachte ich, die Mutti erwartet mich, wir sind verabredet. Er ist ins Treppenhaus, genau wie ich, und ich immer eine halbe Etage unter ihm. Dann sah ich, dass er vor unserer Tür stehen blieb. Ich konnte mich nicht mehr umdrehen, ohne dass er es mitbekommen hätte. Es war ja nur eine halbe Etage zwischen uns. Ich bin also kühn an ihm vorbeigegangen und dann eine Etage höher, von der zweiten in die dritte, obwohl ich die Bewohner nur vom Sehen kannte. Man hat damals keinen Kontakt mit Nicht-Juden gehabt, das war ja alles verboten. Die Nachbarin wusste nicht, wer ich war, aber sie kannte Frau Meißner, die uns aufgenommen hatte. Die Familie hatte früher ein Geschäft in dieser Straße. Eine jüdische Frau, deren Mann und Sohn in diesen Transport nach Polen gezwungen worden waren. Eine Aktion, die noch vor der Kristallnacht stattfand, die Polenaktion. Nur Frau Meißner und ihre Tochter, die durften in Berlin bleiben. Sie hat nie mehr von ihnen gehört.

Ich klingelte bei der Nachbarin. Sie erzählte, dass es sehr laut gewesen war in dem Haus, nur ein paar Stunden vorher. AUFMACHEN, AUFMACHEN. Treppengepolter. Dann lief sie ans Fenster und sah, dass Frau Meißner, ein junger Mann, eine junge Frau und mein Bruder Ralph in den Polizeiwagen gestoßen wurden.

»Und meine Mutter?«, fragte ich.

»Deine Mutter war nicht dabei.«

Sie war, wie ich, nicht zu Hause gewesen, um sich von einer Cousine zu verabschieden, die ebenfalls fliehen wollte. Die Nachbarin erzählte, dass sie auf meine Mutter gewartet habe. Als diese nach Hause kam, habe sie ihr sofort alles berichtet. Meine Mutter hätte dann gesagt, dass es hier nicht sicher sei und sie zu Bekannten gehen würde. Zwei Häuser weiter in der Skalitzer Straße. Jüdische Leute, die Einzigen, die wir kannten.

Stundenlang saß ich dort oben. Es wurde Nachmittag, es war Januar, und es ist zeitig dunkel geworden. Als ich mich schließlich eine Etage tiefer, in den zweiten Stock, gewagt habe, hat der Mann da nicht mehr gewartet. Und ich sah, dass die Tür versiegelt worden war.

Unsere jüdischen Bekannten wohnten im Hochparterre. Von draußen sah ich ihre dunklen Schatten. Nicht aber den meiner Mutter. Nur Schatten. Die Freundin meiner Mutter machte die Tür auf. Wartete, bis ich drin war.

»Sie ist gegangen«, hat sie dann gesagt.

»Hat sie mir was hinterlassen?«, fragte ich. »Eine Nachricht?«

»Ich soll dir etwas ausrichten.«

Mutter hätte sie gebeten, sie solle mir sagen: »Ich habe mich entschlossen, zur Polizei zu gehen. Ich gehe mit Ralph, wohin auch immer das sein mag. Versuche, dein Leben zu machen.«

Das war's.

Ich weiß nicht mehr, wie ich mich gefühlt habe, als ich diese Nachricht bekommen habe: »Ich gehe mit Ralph. Versuche, dein Leben zu machen.« Habe ich geweint? War ich entsetzt? War ich böse? Ich weiß es nicht. Ich habe, glaube ich, mir gesagt: Ich will's versuchen. Doch wie fängt man das an, wenn man dasteht, 21 ist, nichts hat? Ich hatte noch nie eine Entscheidung alleine getroffen. Ich hatte noch kein eigenes Leben, mein Leben war das Leben mit meiner Familie, mit meiner Mutter und meinem Bruder.

Im Korridor, an der Tür, gab sie mir Muttis Handtasche. Darin das Notizbuch und die Bernsteinkette meiner Mutter. Ein kleines Heftchen aus Karopapier. Die Adressen mit Füllfederhalter geschrieben, andere schnell hingekritzelt: Visastellen, Reisebüros, Konsulate. Kontakte, die mir helfen könnten. Die Kette bestand aus goldgelben Bernsteinen, manche waren auch dunkler, fast rötlich. Die Tasche, die ist verloren gegangen. Aber bei der Kette und dem Heft ist es mir gelungen, sie durch alles zu retten, durch das Lager und Amerika zu bringen. Bis heute.

Mein Bruder war anders als ich. Ruhig, nachdenklich, hochintelligent. Als Hitler an die Macht kam, war ich zwölf und er noch klein. Wir waren vier Jahre auseinander. Als er abgeholt wurde, war er 17. Er soll absolut brillant gewesen sein. Klassenbester. Er ging mit Hans Rosenthal, dem späteren Moderator der Fernsehsendung *Dalli Dalli*, in die Klasse. Auch ein Jude. Von dem weiß ich, dass Ralph anderen Schülern immer geholfen hat. Er hat sehr schön Geige gespielt. Und er war im Makkabi-Boxclub. Wie kann man boxen, wenn man die Hände zum Geigespielen braucht?, habe ich mich gefragt. Als er ein kleiner Junge, ein kleiner Steppke, drei oder vier war, hat mein Lieblingsonkel immer gesagt: »Da geht der Herr Verwalter.« Schritt für Schritt ist er mit den Händen auf dem Rücken dahingestolpert. Der Jüngste und doch der Älteste, in der ganzen Familie. Ich habe immer gesagt, in den Jahren danach, wenn wir gewusst hätten, wie wenig Zeit wir miteinander haben, hätte ich mich bemüht, ihn besser kennenzulernen. Doch er hatte seine Freunde, und ich hatte meine.

»Versuche, dein Leben zu machen«, wie fängt man das an?

Der Tag, an dem mein Bruder abgeholt wurde und meine Mutter ihm folgte, war auch der Tag, als ich den Judenstern abnahm und in den Untergrund ging. Ich lief los mit der Handtasche und nichts weiter, wusste nicht, wohin. Geendet bin ich am Moritzplatz, bei einem Bekannten aus dem ehemaligen Kulturbund, eine Vereinigung jüdischer Künstler. Am nächsten Morgen um sechs bin ich die Straßen entlanggegangen. Vorsichtig. Um acht Uhr öffneten die Geschäfte. Ich kam an einem Friseurladen vorbei, das Mädchen hat gerade aufgemacht, da habe ich mir die Haare tizianrot färben lassen. Juden haben keine roten Haare, dachte ich.

Zwei Nächte bin ich am Moritzplatz geblieben. Dann gab mein Bekannter mir einen Zettel. »Das ist die Adresse, merk sie dir und schmeiß den Zettel weg.« So begann mein Verstecken im Untergrund bei verschiedenen Personen für mehr als 15 Monate.

Als meine Mutter mir den Satz ausrichten ließ, war mein Vater nicht bei uns. Meine Eltern hatten sich ein Jahr vor Kriegsbeginn scheiden lassen. Eine erste Trennung war bereits 1935, aber sie haben es dann noch mal versucht. In der Kristallnacht hatten wir nichts von Papa gehört. Als er ein paar Tage später zurückkam, er hatte sich versteckt, erzählte er: »Mein Geschäft gehört mir nicht mehr, es wurde arisiert.« Zweieinhalb Monate später bekam mein Vater einen Pass, da er Geschäftsbeziehungen nach Dänemark, Schweden und Holland hatte. Man wollte diese Beziehungen erhalten, um die Devisen weiter zu bekommen, und der Vater sollte die neuen Inhaber einführen. Vater sagte uns auf Wiedersehen. Wir haben ihn aber nie mehr gesehen. Erst nach dem Krieg erfuhr ich, was geschehen ist. Er ist nach der Reise am nächsten Tag direkt nach Belgien, später nach Frankreich gegangen.

Er hat uns alleingelassen. Mutti hat ihm einmal eine Postkarte geschrieben. Es gab diese Idee, dass ich einen jungen Mann heiraten sollte. Ein Mann, der uns helfen wollte. Viele sind damals Pseudoehen eingegangen. Aber dafür brauchte ich Papas Genehmigung, da ich noch nicht volljährig war. Vater hat die Karte nie bekommen. Im Nachhinein ein Glücksfall, dass wir nicht geheiratet haben, denn mein Pseudoehemann war in einem der ersten Züge nach Riga. Und ich wäre mit, wenn ich seine Frau gewesen wäre.

Nur durch die Wiedergutmachung 1953 weiß ich, dass mein Vater in Frankreich verhaftet wurde und in drei Lagern gewesen ist. Einen weiteren Brief hat Mutti ihm geschrieben, als wir eine Chance hatten, nach Schanghai auszuwandern. Er antwortete mit einer einzigen Postkarte: »Was willst du mit zwei Kindern in Schanghai? Verhungern kannst du auch in Berlin.« Es wäre die letzte Chance für uns gewesen rauszugehen. Doch da mein Vater seine Zustimmung nicht gegeben hat, sind wir in Berlin geblieben. Es hätte uns retten können.

Wie ich zu meinem Vater stehe, wie meine Gefühle sind, jetzt, nach all den Jahren? Es ist schwierig für mich. Zu viele Jahrzehnte sind vergangen. Mein Vater ist auch in Auschwitz ermordet worden. Und meine Gedanken sind natürlich immer: Was hatte er sich dabei gedacht? Warum hat er uns zurückgelassen? In den frühen Jahren, als man noch hätte gehen können, als andere Verwandte ins Ausland gegangen sind, war mein Vater erstaunt, dass sie ein gutes Geschäft aufgaben. »Ich bleib, das ändert sich.« Er hat noch 1935 nicht daran geglaubt, dass es ernst ist. »Die meinen uns nicht«, hat er gesagt. »Ich bin Deutscher, ich war im Ersten Weltkrieg, bin ausgezeichnet, habe meinen Bruder für Deutschland verloren.«

Wir haben's uns alle nicht vorstellen können. Wenige Wochen vor der Festnahme meines Bruders kam ein Cousin nach Berlin, um uns abzuholen. Und da hat die Mutti gesagt: »Wir haben noch so viele Sachen hier, wir kommen in drei Wochen nach.« Im Nachhinein frage ich mich: Warum hat Mutti nicht gesagt: Egal, wir lassen alles stehen und liegen? Und darauf gehofft, wenn wir irgendwann zurückkommen, dass dann alles noch da ist, anstatt sich daran zu klammern? Das sind Dinge, die man sich 80 Jahre später überlegt, und sagt, Fehler sind gemacht worden. Aber Mutti hat das entschieden, und was Mutti sagte, wurde gemacht. Wir waren Kinder.

»Versuche, dein Leben zu machen.« Wie machst du dein Leben? Ein Jahr und drei Monate habe ich mich in Berlin verstecken können. Dann bin ich nach Theresienstadt gebracht worden. Dort habe ich immer gedacht, Theresienstadt ist schrecklich – aber wir kannten nichts anderes, wussten nicht, was der Osten ist, kannten Auschwitz nicht. Ich hatte die Hoffnung, dass meine Mutter und mein Bruder in einem ähnlichen Lager waren. Ich wollte überleben, weil ich meine Familie wiedersehen wollte.

Doch als dann im April 1945 dieser Zug aus Auschwitz nach Theresienstadt kam, bestand er aus Häftlingen, die die SS vor der Befreiung auf einen Todesmarsch geschickt hatte. Die Toten waren kaum von den Lebenden zu unterscheiden, sie fielen einfach heraus oder wurden hinausgestoßen. In diesem Moment wurde mir klar, was der Osten bedeutet. Und begriff, dass ich meine Mutter und meinen Bruder nicht wiedersehen würde.

Als mich einer der Überlebenden am Arm zupfte und sagte: »Margot, erkennst du mich nicht mehr?«, wusste ich nicht, wer er war. Erst als er seinen Namen nannte, verstand ich, dass er ein Sänger war, den ich aus dem Kulturbund kannte. Ein stattlicher Mann war er gewesen. Nun eine Gestalt, nicht männlich, nicht weiblich, alterslos und unkenntlich.

Erst Jahre später, in Amerika, habe ich offiziell vom Tod meines Bruders und meiner Mutter erfahren.

In Theresienstadt lernte ich meinen späteren Mann Adolf Friedländer kennen. Nach der Befreiung durch die Russen gingen wir nach New York und sind nie wieder gemeinsam nach Deutschland zurückgekehrt. Als er 1997 starb, habe ich begonnen, meine Geschichte aufzuschreiben. Ein Filmemacher wollte darüber einen Dokumentarfilm drehen, zum Teil in New York, zum Teil in Berlin. So kam ich 2003 im Alter von 82 Jahren erstmals auf Einladung des Senats zurück nach Berlin. Bereits am ersten Nachmittag wusste ich, das ist meine Heimat, wenn ich etwas jünger wäre, würde ich wieder hierherziehen. Ich habe dann mein Buch in New York geschrieben und dem Satz meiner Mutter das ganze Buch gewidmet. Das Buch wurde ausgezeichnet, und es kamen viele Einladungen zu Lesungen in Deutschland. Im Alter von 88 Jahren habe ich mich dann entschieden, nach Berlin zurückzuziehen, weil ich hier gebraucht werde. Ich habe 99 Kisten gepackt und bin in meine heutige Wohnung gezogen.

103 Jahre alt werde ich dieses Jahr. Ich hätte nicht gedacht, dass ich alt werde. Ich liebe Berlin. Es ist mein Zuhause. Das sind meine Erinnerungen. Das ist meine Sprache. Die Kindheit war so schön – aber zu kurz.

Der Satz meiner Mutter hat mich mein ganzes Leben begleitet.

Seit 80 Jahren kämpfe ich mit meinem Gewissen. Was waren ihre Gedanken? Ich glaube nicht, dass meine Mutter meinen Bruder lieber hatte als mich. Nur eine Mutter kennt ihre Kinder. Sie war davon überzeugt, dass ich die bessere Chance haben könnte, mich durchzuschlagen. Es war zu spät für meinen Bruder, sie hatten ihn bereits in ihrer Gewalt – ich war noch frei. Sie hat gewählt, den Schwächeren zu begleiten. Wollte sie versuchen, zumindest eines ihrer Kinder zu retten?

»Versuche, dein Leben zu machen« – diese Worte haben eine Verpflichtung für mich bedeutet. Ich habe versucht, mein Leben zu machen. Und ich denke, ich habe es geschafft.

»REICH MIR DEN SCHLUMPF«

»REICH MIR DEN SCHLUMPF«

VERONIQUE CULLIFORD (66)
TOCHTER VON
PIERRE (PEYO) CULLIFORD,
ERFINDER DER SCHLÜMPFE
(»LES SCHTROUMPFS«),
BELGIEN

Durch den größten Zufall und mit einem Lächeln ist dieses Wort entstanden. Es war während eines Urlaubs an der belgischen Küste. Bei einem Mittagessen fragte mein Vater, der Zeichner Peyo Culliford, ob er den Salzstreuer haben könne. Der stand in der Mitte des Tisches. Er bat also seinen Freund, den Zeichner André Franquin: »Passe moi ...«, doch er konnte das richtige Wort nicht finden, er wusste es nicht mehr, wahrscheinlich war er etwas müde. Also dachte er sich etwas aus: »Passe moi le ... le Schtroumpf.« – »Reich mir den Schlumpf.«

André Franquin, Zeichner der Comicreihen *Spirou und Fantasio* und Schöpfer des *Marsupilamis,* fand das so komisch. Er nahm den Salzstreuer, gab ihn meinem Papa und sagte: »Bah voilà, ich gebe dir deinen Schlumpf. Wenn du mit dem Schlumpfen fertig bist, kannst du ihn mir wieder zurückschlumpfen.« Und dann sprachen sie bei *moules et frites* das ganze Mittagessen lang Schlumpfisch.

Ich wurde später, im gleichen Jahr geboren, ich bin im selben Alter wie die Schlümpfe. Ich habe diese Situation nur von innen heraus erlebt, aus dem Bauch meiner Mutter.

Es war also ein Zufall, ein wunderbarer Zufall, dass mein Vater dieses Wort ausgesprochen hat, weil er das Wort für Salzstreuer nicht finden konnte. Er fand »Schlumpf« nicht lustig, es war die Situation, die lustig war. In diesem Moment schlumpften sie, schlumpften während des ganzen Essens, und das war's. Das war so unerwartet, dass er sich sagte: Das ist ein Wort, das ich behalten muss. Man weiß ja nie.

Mein Vater schrieb das Wort in ein kleines Notizbuch, in dem er alle Dinge notierte, die ihm durch den Kopf gingen. Dinge, bei denen er sich dachte, dass er sie vielleicht eines Tages gebrauchen könnte. Später im Jahr schuf er die ersten Schlümpfe für eine Geschichte: »Johan und Pirlouit« – »Johann und Pfiffikus« –, zwei Figuren aus dem Mittelalter, die auf der Suche nach einer Flöte sind. Diese Bernsteinflöte wird in einem Ort hergestellt, der *Das verfluchte Land* heißt und von kleinen Zwergen bewohnt wird. Und so musste er diese Zwerge erschaffen, ihnen einen Namen geben und sie dazu bringen, in einer Geschichte von »Johan und Pirlouit« mitzuspielen. Sie waren also absolute Nebenfiguren. Und weil er nicht wusste, wie er seine kleinen Figuren nennen sollte, erinnerte er sich an den Namen, den er auf ein Blatt Papier geschrieben hatte. Er fand es wieder und sagte: »Bah voilà, ich werde sie Schlümpfe nennen.«

Sie sollten nur in einer Folge auftauchen: in »Die Flöte mit sechs Schlümpfen«. Es war nicht das Ziel, die Schlumpf-Geschichten fortzusetzen, aber das Publikum war so begeistert, dass Briefe über Briefe eintrafen: »Wir wollen mehr, wir lieben es.« Also sagte mein Vater: »Ich werde versuchen, ihnen eine zweite Geschichte zu erzählen.« Und dann eine dritte, dann eine vierte und dann das: Die Schlümpfe gewannen die Oberhand.

Zuerst war da also der Name. Dann der Charakter, der geschaffen wurde. Der dritte Schritt war die Farbe. Eine Familiengeschichte: Denn es war meine Mutter, die die Geschichten meines Vaters kolorierte. Sie war es, die das Blau der Schlümpfe erfand. Braun und Grün passten nicht, weil die Zwerge so klein sind und außerdem zu nahe am Gras und den Baumstümpfen, die grün und braun sind. Sie sollten auch keine Farben haben, die in Comics üblicherweise der Haut zugeordnet werden: Schwarz, Braun, Gelb und Rosa kamen also nicht infrage. Rot war zu gewalttätig, und als meine Mutter die anderen Farben eliminiert hatte, entschied sie sich für Blau. Wie der Himmel. Die Schlümpfe sind also eine Angelegenheit der ganzen Familie.

Ich bin Schlumpfine. Das hat man mir gesagt. Es heißt, dass mein Vater Skizzen von meinen Haaren gemacht hat. Um einzufangen, wie er Schlumpfine später zeichnen würde. Es war also vor allem mein blondes Haar, das er auf Schlumpfine übertrug. Ich bin ziemlich stolz, sogar sehr stolz darauf, ein bisschen Schlumpfine zu sein. Ich muss acht, neun Jahre alt gewesen sein, als nach der Erschaffung der Schlümpfe Schlumpfine erschien. Auch sie sollte nur für eine Geschichte auftauchen, danach sollte es vorbei sein. Sie war aber so erfolgreich, dass mein Vater nicht mehr ohne sie auskommen konnte. Da die Leser immer mehr nach Schlumpfine verlangten, war er quasi gezwungen, sie in alle Geschichten einzubauen. Eine Geschichte ohne Schlumpfine wäre wie eine Geschichte ohne Gargamel oder wie ein Stück Schokolade ohne Zucker: Das ist nicht gut. Schlumpfine ist mit mir aufgewachsen. Wenn man sich die Schlümpfe aus dem ersten Heft von 1958 und die Schlümpfe heute ansieht, haben sie sich sehr verändert. Schlumpfine hat sich weiterentwickelt: Früher lebte sie allein unter Schlümpfen, bald soll es ein Dorf nur mit Schlumpfinen geben. Jetzt ist sie die Frau von heute, die die Initiative ergreift, sportlich ist, die einen Schlumpf verteidigen kann. Sie ist also nicht mehr die kleine, hübsche Frau, die mein Vater geschaffen hat. Sie kann die Welt retten, genauso wie ein Papa Schlumpf. Ich werde nicht sagen, dass mein Vater Feminist war. Schlumpfine bestand aus all den kleinen Sätzen, die man im Alltag benutzt, um eine Frau zu kategorisieren. Meine Mutter wurde wütend, als sie sie zum ersten Mal hörte: »So siehst du mich?« Und er war ganz verwirrt und sagte: »Aber nein. Ich habe es nicht verstanden.« Er war jemand, der zuhören und seine Meinung ändern konnte. Leider ist er vor mehr als 30 Jahren gegangen, sodass er nicht die Gelegenheit hatte, Schlumpfine, die Miss aller Schlümpfe, selbst dazu zu bringen, ihren Charakter zu ändern.

Mein Vater war kein Philosoph, der die Welt verändern wollte. Also erzählte er Geschichten auf eine komische und für Kinder zugängliche Weise. Situationen, die es in der Welt nun mal gibt. Auch der Vorwurf, Gargamel, als Bösewicht, trage einen jüdischen Namen, die Figur sei antisemitisch, hätte ihn verwundert. Mein Vater hat nie darüber nachgedacht. Es ist ein Name, der im Mittelalter existierte. Als er den Zauberer mit der schwarzen Kutte erschuf, war dies die Kleidung eines Mönches. Bei jeder dieser Geschichten war der schwierigste Teil für ihn das Nachdenken darüber, was er erzählen würde und wie: Denn es musste immer lustig bleiben.

Da sein Gedächtnis nicht sehr gut war, machte er Notizen über alles, was ihm für ein Schlumpfheft dienen konnte. Er war ein sehr guter Beobachter. Um diese Welt zu erschaffen, benutzte er das tägliche Leben. Nahm aber nie eine Situation aus unserem Familienleben. Mein Vater hat Walt Disney geliebt, hat sich von den Zwergen aus Schneewittchen inspirieren lassen, als er die Kleidung der Schlümpfe schuf. Er hat auch viele Bücher über Elfen gelesen. Entstanden ist eine Mischung aus Elfen und Zwergen.

Wie viele Künstler war mein Vater fast immer zu Hause, in Hausschuhen. Sein Vater war Engländer, und obwohl er sehr entspannt war, trug er immer ein Hemd und eine lange Hose. Mein Vater war kein Mann, der T-Shirts, Jeans oder Streifen anzog oder im Pyjama blieb. Er hat sich richtig angezogen. Wenn er eine Idee hatte, konnte er fast 48 Stunden am Stück arbeiten. Manchmal schlief er nachmittags. Dann hatte er um zehn Uhr abends eine Idee und konnte die ganze Nacht daran arbeiten oder Skizzen anfertigen. Er war nicht sehr schnell, mein Papa. Sehr oft zu spät dran, seine Geschichten abzugeben. Daher hatte er einen schrecklich verschobenen Zeitplan. Ich habe nie einen Vater kennengelernt, der morgens mit seiner kleinen Aktentasche losgezogen ist. Meine Eltern waren die ganze Zeit zu Hause, was sehr angenehm war. Ich habe kein anderes Leben gekannt, daher kann ich es nicht mit einem anderen Leben vergleichen. Wenn mich meine Freunde zu Hause besucht haben, waren sie immer ganz verzaubert. »Das ist das Haus, in dem Peyo wohnt«, sagten sie. Es war für sie wundersam. Für mich war unser Haus nichts Besonderes, es war schließlich kein »Pilz«, kein »Schlumpfhaus«. Aber für die Kinder, die kamen, hat der Schöpfer der Schlümpfe dort gewohnt.

Mein Vater war diszipliniert in seiner Arbeit, aber alles drum herum war sehr durcheinander. Als ich schon fast erwachsen war, habe ich ihm ein bisschen geholfen, seine Angelegenheiten zu ordnen. Denn diese ganze Sache mit der Lizenzierung hat in seinem

Comic-Universum wirklich viel Raum eingenommen. Darüber war er ein bisschen traurig, denn er liebte es, Geschichten zu erzählen. Ich kann nicht zeichnen, bitten Sie mich nicht, einen Schlumpf zu skizzieren, das ist Horror. Also griff ich ein, um ihm den ganzen kaufmännischen Kram abzunehmen, damit er zeichnen konnte. Ich habe als Praktikantin in der Schlumpf-Firma meines Vaters angefangen. Jetzt, mehr als 40 Jahre später, bin ich immer noch hier. Ein sehr langes Praktikum. Mein Leben sind die Schlümpfe. Ich bleibe die Tempelwächterin. Die Schlümpfe verändern sich, aber man muss wissen, wie weit man mit dieser Entwicklung gehen kann. Das ist auch ein Teil davon, die Tempelwächterin zu sein: Es bedeutet, sich von der Kirche in die Mitte des Dorfes zu begeben und sich weiterzuentwickeln.

Dass die Schlümpfe zum Beispiel Waffen benutzen, um zu kämpfen, ist etwas, das mein Vater nie gewollt hätte. Er war gegen Waffen, er war dagegen, dass in diesen Geschichten Politik gemacht wird. Er war gegen viele Dinge, die wir nicht tun werden: Wir reden zum Beispiel nicht über Religion, weil wir niemanden brüskieren wollen. Es gibt andere Comicfiguren, die das sehr gut machen. Doch das ist nicht unser Job. Die Schlümpfe repräsentieren eine Welt, die wir versuchen sollten zu erreichen. Eine Welt, in der Dinge passieren, die nicht immer in Ordnung sind, aber immer gut ausgehen.

Es geht darum, Kindern ein wenig Balsam auf die Seele zu geben. Als meine Kinder klein waren, sprachen sie untereinander »Schlumpfisch«, in der Hoffnung, dass ich es nicht verstehen würde. Wenn ich ein Schimpfwort nicht sagen will, sage ich heute immer noch »Schlumpf«.

Jeden Freitag sind im Büro alle als Schlümpfe verkleidet. Als die Hüterin des Tempels beaufsichtige ich alles, was im Büro passiert. Das ist meine Rolle: Darauf zu achten, dass alles, was mein Vater in dieser Figur gesehen hat, respektiert wird. In meinem Büro steht ein Foto von meinem Vater, und wenn ich eine Entscheidung treffen muss, bei der ich Zweifel habe, ob er sie akzeptiert hätte, dann nehme ich das Foto, drehe es um und sage: »Jetzt diskutieren wir ohne dich. Ich möchte nicht, dass du dabei bist.«

Mein Vater mochte Interviews nicht. Er war jemand, der nicht gern über sich selbst sprach, es aber liebte, über seine Charaktere zu sprechen. Gab er ein Interview, ist er immer nach dem Satz mit dem Salzstreuer gefragt worden.

Auch seine Enkelkinder haben danach gefragt, meine Schulfreunde, die Freunde meines Bruders: »Peyo, wie hast du die Schlümpfe erfunden?« Er erzählte die Geschichte mit dem Satz mit einem Lächeln, er war stolz darauf. »Dieser Satz ist der Grund, warum es funktioniert«, sagte er immer. Die Schlümpfe wurden, ohne dass er es plante, genau zur richtigen Zeit erschaffen. Das ist das Wunder.

Dieses Jahr werden die Schlümpfe 66 Jahre alt, genauso wie ich 66 Jahre alt werde. Da wir zur gleichen Zeit geboren wurden, habe ich nichts anderes als die Schlümpfe gekannt. Ich hatte kein Vorher und kein Nachher, ich war immer drin. Das ist etwas, das mich geprägt hat. Wie gesagt, ich bin diejenige, die nicht zeichnen kann. Doch ab und zu durfte ich auf Papas Schoß, er nahm meine Hand mit dem Bleistift in seine, und wir haben zu zweit einen Schlumpf gezeichnet. Das ist eine Erinnerung, die ich behalten möchte. Ich war damals noch klein und rief: »Ich kann einen Schlumpf zeichnen.« Ich weiß, dass es Unsinn ist, aber nichts hat mich mehr geprägt, als ein paarmal in meinem Leben einen Schlumpf zeichnen zu können. Mit der Hand meines Vaters.

»DIE RAKETE, DIE DICH TÖTET, WIRST DU NIE HÖREN«

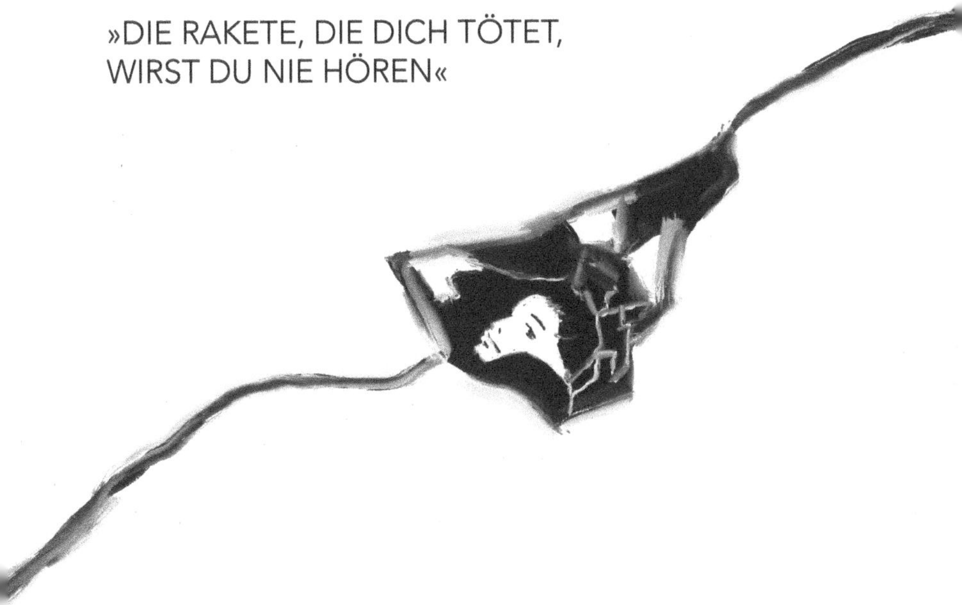

»DIE RAKETE, DIE DICH TÖTET, WIRST DU NIE HÖREN«

WOJCIECH GRZĘDZIŃSKI (43)
KRIEGSFOTOGRAF,
WARSCHAU

Ein ukrainisches Sprichwort lautet: »Die Rakete, die dich tötet, wirst du nie hören.« Ich habe die Rakete nicht gehört. Ich habe nur die Musik gehört. Dann das Geräusch der einstürzenden Decke, Fliesen, Staub, Metall, von Beton. Das Nächste, was ich höre, sind die Schreie von Menschen.

Das Sprichwort ist zu einem medienwirksamen Zitat geworden, das sie im Ausland über meine Fotos drucken. Womit sie ihre Texte über den Krieg beginnen. Eine wirklich gute Überschrift für Medien und Menschen, die nie in einem Kriegsgebiet waren. Die Menschen in der Ukraine benutzen keine Sprichwörter mehr, sie sterben. Vielleicht sprechen sie auch deshalb nicht über den Tod.

Ich arbeite seit 23 Jahren als Fotograf, seit dem 25. Februar 2022, dem zweiten Tag des Großangriffs Russlands auf die Ukraine, fotografiere ich den Krieg.

Gerade fahre ich von Warschau durch den Norden Polens, weil es dort weniger Warteschlangen an der ukrainischen Grenze gibt. Sieben Stunden muss man mit dem Auto an den Kontrollen stehen. Ich bin auf dem Weg nach Dnipro, ich habe einen Auftrag, und wahrscheinlich werde ich am Samstag das erste Mal wieder nach Kramatorsk fahren. Es ist knapp vier Wochen her: Es war der 27. Juni 2023, und der Tod kam mich an diesem Tag holen. Als etwas Unglaubliches, fast schon Unheimliches passierte.

Kramatorsk ist eine Stadt, in der man spazieren gehen kann. Durch einen Krieg zu spazieren klingt absurd, ich weiß. Aber es ist so. Das höchste Gebäude ist viele Stockwerke hoch, es liegt in einem wunderschönen Park. Kramatorsk ist eine strategisch wichtige Stadt, die erste größere westlich der Frontlinie. Viele Soldaten kommen, um etwas zu kaufen, sich auszuruhen, ihre Frauen zu treffen. Nur 40 Kilometer von Bachmut entfernt, der Front. Ein paar postsowjetische Gebäude, ein paar ältere Gebäude und Wohnblocks. Charmante Kneipen, vergrabene Plätze. Ein Ort, an dem man mit einer gewissen Freude ankommt. Ein Ort, in dem die Menschen das Herz auf den Händen tragen.

Der 27. Juni war ein normaler Tag. In der Nähe lag die Frontlinie mit Soldaten der 24. Brigade. Ein paar Drohnen, die herumflogen, manchmal wurde auch geschossen.

Um sieben Uhr abends ging ich ins Hotel, weil ich Fotos an die Agentur schicken musste. Mein Mittagessen war nicht sehr gut gewesen. Ich erinnerte mich, dass ich vor Kurzem im Ria Pizza Sushi gegessen hatte. Dieses Restaurant machte ziemlich gutes Sushi. Ich dachte, ich fahre hin und esse etwas Gesundes. Das Lokal hatte mit die längsten Öffnungszeiten in Kramatorsk, daher war es voll mit Menschen. Tagsüber hatte es zwar in der Nähe einer der Tankstellen eine Raketenexplosion gegeben, aber es war niemand verletzt worden. In der Woche vor diesem Tag war Kramatorsk praktisch nicht unter Beschuss. Das heißt, es waren mehr als eine Woche lang keine Raketen auf die Stadt geflogen.

Ein Zustand der Ruhe.

Das Ria Pizza kenne ich seit 2016. Sie verkauften großartige Pizza. Und sie waren für diese Pizza bekannt. Wenn ein Lokal in der Ukraine »Pizzeria« heißt, bedeutet das aber nicht, dass es dort keine andere Küche gibt, kein Steak gibt, kein Sushi, kein normales Frühstück. Es war ein Ort, der Menschen anzog, mit weichen Sofas, auf denen man bequem sitzen konnte. Die Mitarbeiter waren jung. Sieben von ihnen sind an diesem Tag gestorben.

Jeder kannte das Ria Pizza. Bei einem Luftalarm wurde es für kurze Zeit geschlossen, nach der Entwarnung aber ganz schnell wieder geöffnet. Von neun Uhr morgens bis neun Uhr abends konnte man dort vorbeikommen, sich hinsetzen, gut essen, eine Shisha rauchen. Shisha zu rauchen, ist in der Ukraine sehr beliebt. Im Sommer lockte auch noch der Garten: ein guter Ort, um sich zu treffen, zu plaudern, ohne Druck. Ein Treffpunkt für normale Leute aus Kramatorsk, für Soldaten, für freiwillige Helfer, für Journalisten.

An dem Abend bin ich allein in das Restaurant gegangen. Als ich eintrat, sah ich, dass zwei Tische frei waren: mein Stammplatz, der Tisch, an dem ich jedes Mal gesessen hatte. Und noch ein weiterer.

An diesem Tag im Juni – und das ist das Unheimliche an der Geschichte – setzte ich mich zum ersten Mal an einen anderen Tisch.

Denn ganz in der Nähe saß ein sehr hübsches Mädchen. Und ich dachte: Warum soll ich mir die Gesichter der Soldaten anschauen, die ich jeden Tag sehe? Ich blicke immer nur auf Schmerz, Blut und Leid. An diesem Tag wollte ich etwas Schönes sehen. Also setzte ich mich so, dass ich das schöne Mädchen anschauen konnte. Das Mädchen auf dem Foto.

An den Tisch, an dem ich normalerweise saß, meinem Stammplatz, setzte sich ein Paar. So eine hübsche Frau, leicht gelocktes, schulterlanges Haar. Es war heiß, sie trug ein Sommerkleid, oder kurze Hosen, wie ein Overall, so was in der Art. Und sie saß mit einem jungen Mann in Uniform zusammen. Sie waren ein wunderschönes junges Paar, voller Leben.

Diese beiden, die statt meiner dort saßen, sind nun tot. Das Mädchen, das ich direkt anschaute, überlebte. Unversehrt.

Hätte ich an dem Tisch gesessen, an dem ich sonst saß, könnte ich heute nicht davon erzählen.

Als die Rakete einschlug, stürzte die Decke über dem Restaurant ein, begrub alles, was sich darunter befand. Große Betonplatten, ein paar Meter lang, etwa einen Meter breit, 20 Zentimeter dick. Doch ich hatte ein Dach über dem Kopf, meinen Tisch. Nur eine Nische. Genau über mir kam diese Betonplatte zum Stehen, dicht über meinem Kopf. Vielleicht einen halben, vielleicht einen Meter. Der Rest der Platte stürzte einfach ein, fiel auf den Boden, zerstörte und tötete Menschen.

Ich wurde ohnmächtig. Als ich wieder zu mir kam, merkte ich, dass ich halb unter dem Tisch lag, mein Po und mein Rücken seltsam verrenkt auf dem Sofa. Das ist der Punkt, an dem meine Erinnerungen beginnen. Ich fühlte keinen Schmerz, also nahm ich an, dass ich unverletzt war. Mein erster Gedanke: Wo ist die Kamera? Ich habe sie irgendwo gefunden, habe sie abgestaubt und bin losgekrabbelt. Sie funktionierte. Ich bin unter den Trümmern herausgekrochen. Aus meinem zerstörten Auto holte ich Verbandszeug, den Erste-Hilfe-Kasten. Ich fing an, so viel wie möglich zu helfen und so viel wie möglich zu fotografieren.

Ich kannte einige der Kellner aus dem Ria Pizza. Ich erinnere mich, wie sie gut gelaunt am Eingang standen, zusammen gelacht hatten. Da es schon gegen Ende des Tages war, hatten sie nicht mehr so viele Bestellungen aufzunehmen. Ich erinnere mich auch an die vier Jungs in Uniform, die hinter mir saßen. Später, als ich unter dem Tisch lag, sah ich, wie ein Bein unter den Betonplatten hervorlugte.

Ich erinnere mich an Menschen, die begraben wurden, die nach Hilfe schrien durch die Trümmer hindurch. Nach einem Raketeneinschlag gibt es den einen Moment, da schaltet man alle Bergungsgeräte ab. Du gibst den Leuten zu verstehen, dass sie ruhig sein sollen, dass sie schweigen: Damit man vielleicht die Schreie unter dem Schutt hören kann; damit man weiß, wo man suchen muss. Ich erinnere mich an den fast animalischen Schrei eines Mädchens, einen Schrei nach Leben unter den Trümmern.

Ich habe nicht mit dem schönen Mädchen gesprochen. Dass sie überhaupt überlebt hat, habe ich erst gesehen, als ich sie fotografiert habe: ihr Gesicht zwischen Schutt und Beton. Die dunklen Augen, das dunkle Haar. Die Hälfte des Tisches, an dem das schöne Mädchen saß, lag unter der Betondecke begraben. Die andere Hälfte nicht. Sie hatte ebenfalls unglaubliches Glück gehabt.

Das Bild von ihr ist eines der ersten Bilder, die ich dort in den Trümmern gemacht habe.

Ich war schon zuvor mal unter Beschuss gewesen, bei dem Menschen um mich herum getroffen, verwundet, getötet wurden. Ich wusste also, was für Gefühle das auslöst. Ich hatte nie gedacht, was gewesen wäre, wenn … Es war passiert, ich hatte Glück gehabt, es sollte wohl so sein.

Es gibt zwei Versionen über diesen Angriff, ich weiß nicht, welche von beiden wahr ist: Eine besagt, es war eine S-300-Rakete. Die andere, es war eine Iskander, eine ballistische Rakete. Ihr kleinster Gefechtskopf hat eine Sprengladung von mindestens 480 Kilogramm. Die S-300 ist wiederum die Rakete eines Flugabwehrsystems, das von den Russen auch zum Angriff auf Bodenziele eingesetzt wird, mit einer Sprengladung von etwa 150 Kilogramm.

Die Russen haben sich nicht um zivile Opfer gekümmert. Ich kann nicht sagen, was in den Köpfen der Leute vorgeht, die solche Entscheidungen treffen. Ich möchte nicht einmal darüber spekulieren. Wenn man ein Restaurant angreift, von dem man weiß, dass sich Zivilisten in ihm befinden, ist man sich bewusst, dass diese Zivilisten sterben werden. Selbst wenn sich dort auch Soldaten aufhalten. In Kramatorsk sind überall Soldaten, denn dies ist eine Stadt an der Front.

Die Menschen suchen in dieser ganzen Verrücktheit des Krieges nach Normalität. Eine Rakete schlägt ein – dann geht man danach eben in ein Restaurant, das noch weiter entfernt ist. Man geht in ein Restaurant, weil es das ist, was man im normalen Leben tun würde. Sich an einen schönen Ort zu setzen, die intime Atmosphäre spüren.

Das ist der Sinn der Sache. Auch im Krieg gehen die Leute in Restaurants.

Ich bin kein Experte. Aber als unverbesserlicher Optimist kann ich sagen: Ich glaube, dass dieser Krieg bald enden wird. Es wird an der ganzen Frontlinie gekämpft, das kann nicht lange so weitergehen. Es herrscht sowohl auf ukrainischer als auch auf russischer Seite eine enorme Müdigkeit.

Ich glaube, dass es entweder Friedensverhandlungen geben wird, Russland sich einfach zurückziehen oder aber den Konflikt einfrieren wird. Weil die Ukrainer nicht aufgeben werden. Das ist keine Option für die Ukraine, sich zu ergeben. Ich bin zutiefst davon überzeugt, dass diese Fotos, die ich weiter veröffentliche, wirklich etwas bewegen. Sie können dafür sorgen, dass mehr humanitäre

Hilfe bereitgestellt wird, aber sie legen auch Zeugnis ab von den Kriegsverbrechen, die begangen werden.

Ich habe das Gefühl, dass im Krieg eine Art Wahrheit über die Menschen hervortritt. Etwas, das in Zeiten des Friedens tief verborgen bleibt. Man sieht sofort, von welchem Schlag jemand ist. Wenn ich mit dem Auto umherfahre, mit alten Menschen spreche, in den Dörfern, an einfachen Orten bin, dann ist für die Leute nur wichtig: Wer bist du? Jemand, dem man vertrauen kann? Dass du nichts Unrechtes tun wirst. Nichts anderes ist wichtig. Ich habe mit einem Kollegen gesprochen, der mit Überlebenden des Warschauer Aufstands und Veteranen des Zweiten Weltkriegs geredet hat. Einer dieser Leute, ein alter Mann, antwortete auf seine Frage, was es bedeute, Patriot zu sein: »Ein guter Mensch zu sein.« Das war's. Es ist die Einfachheit dieses Satzes. Man darf bei alldem seine Menschlichkeit nicht verlieren. Das ist die Antwort eines Mannes, der den Warschauer Aufstand überlebt und im Zweiten Weltkrieg gekämpft hat, auf die Frage, was es bedeute, ein Patriot zu sein. Kein »Blutvergießen für das Vaterland« und so weiter, keine großen nationalen Slogans. Nein. Sei einfach ein guter Mensch. Das ist der Punkt, an dem alles endet.

Im Ausland wird der Krieg gern in kleine Geschichten verpackt, leicht konsumierbar gemacht. Vielleicht liegt es daran, dass wir Codes für den Krieg, eine Art Erzählschablone geschaffen haben. Von Filmen beeinflusst, in denen alles in Zeitlupe passiert, all diese Explosionen, alles sehr theatralisch. Vielleicht gibt diese Form jemandem, der noch nie echte Kriegsbedingungen erlebt hat, eine Vorstellung vom Krieg.

Aber die Wirklichkeit ist anders. Denn es passiert einfach. Du sitzt in einer Kneipe, einem Restaurant wie dem Ria Pizza. Du trinkst Limonade, Saft, was auch immer. Du stellst dein Glas ab, und plötzlich stürzt die Decke auf dich herab.

Und es folgt keinem höheren Plan, wer in diesem Moment an welchem Tisch des Restaurants sitzt. »Die Rakete, die dich tötet, wirst du nie hören« ist ein bisschen Sprichwort, ein bisschen Wahrheit. Ein Ukrainer oder jemand, der an der Front ist, weiß, wenn man die Rakete im letzten Moment hört, bedeutet das, dass sie ganz in der Nähe einschlagen wird. Und wenn man sie nicht hört, bedeutet das, dass sie einen treffen wird. Das ist einfach die Physik des Schalls. Wenn ich etwas höre, dann ist es weit weg. Höre ich es lauter, kommt es näher, und wenn ich es nicht höre, bin ich am Arsch.

Wahrscheinlich werde ich bald wieder nach Kramatorsk fahren. Ob ich das Restaurant besuchen werde? Ja, natürlich, ich werde hingehen.

Das Bild des schönen Mädchens habe ich an Redaktionen verkauft. Die Geschichte dahinter habe ich nun ein erstes und einziges Mal erzählt.

Ich sehe ihre dunklen Augen, das dunkle Haar vor mir. Ihr Gesicht zwischen Schutt und Beton. Sie hat mir das Leben gerettet, und sie weiß nichts davon.

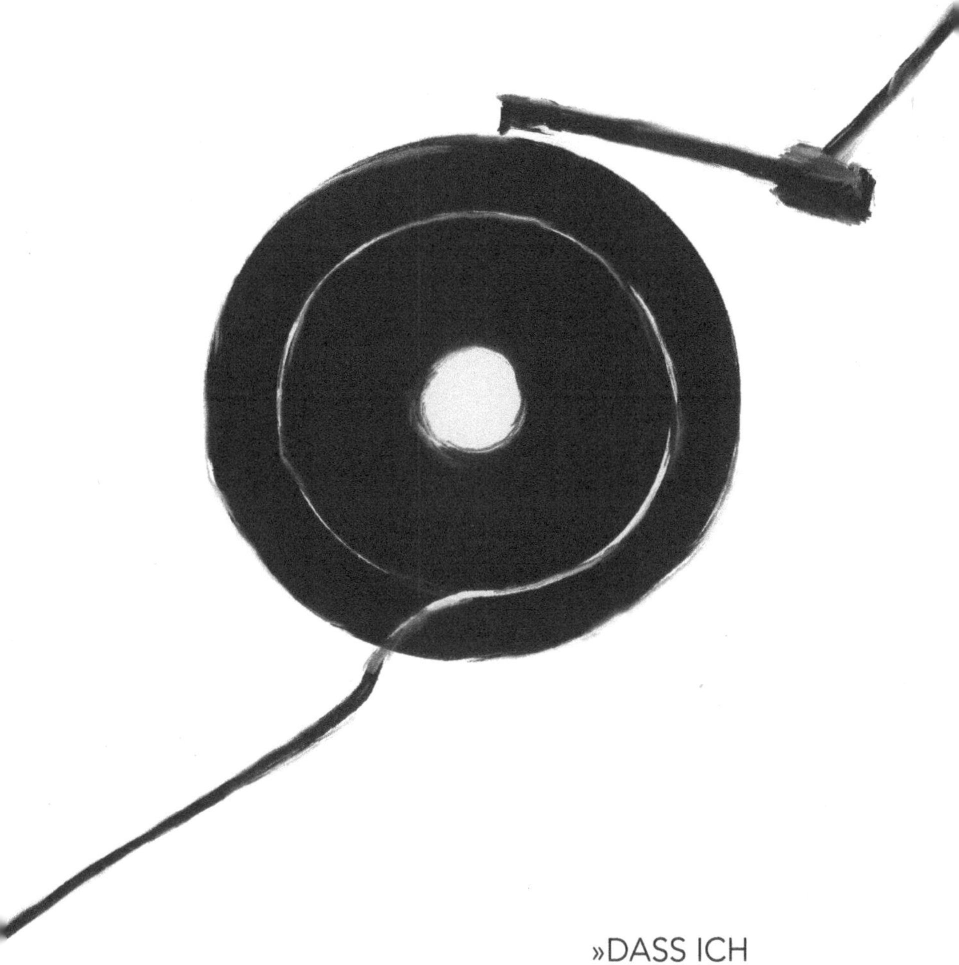

»DASS ICH
IMMER NUR
WEGWILL
VON EUCH,
MACHT MEIN
LEBEN SO
SCHNELL«

»DASS ICH IMMER NUR WEGWILL VON EUCH, MACHT MEIN LEBEN SO SCHNELL«

SCHORSCH KAMERUN (61)
GRÜNDUNGSMITGLIED
UND SÄNGER DER
HAMBURGER PUNKBAND
DIE GOLDENEN ZITRONEN,
AUTOR, THEATERREGISSEUR
UND CLUBGRÜNDER,
TIMMENDORFER STRAND

Wenn die Mantaprolls nicht versuchten, einen zu jagen, rasten sie zumindest möglichst nahe vorbei: »Scheiß Punkeeeeeeer!« Wie so ein Horrorsound klang das. In Schleswig-Holstein trampte man, um sich zu besuchen: 40 Kilometer, um jemanden zu sehen, oft sehr gefährlich. Ich hatte auf dem Land die ganze Zeit Angst. In Kiel war es krass, Schlägereien, Lübeck, Neumünster, die Markthalle Hamburg, Konzerte wurden gestürmt von Gangs und anderen, es gab Nazipunks, Rocker, Fußballschläger. Das erste Album *Opel Gang* von den Toten Hosen spöttelt darüber. Autoschrauber, von denen man aufs Maul bekommen hat. Ein Jugendkultureller zu sein, war hart.

Wir sind alle eher zappelige Landjungs, weniger gestandene Landmänner. Unsere Gruppe norddeutsche Provinz, Die Ärzte aus Spandau, Die Toten Hosen Randgebiet Düsseldorf. Vorstadtjugend auf der Flucht, Dorfpunks on the run.

Man musste weg! Ich aus meinem engen Ostseebad, später aus Reinbek bei Hamburg, weg aus den Speckgürteln, rein in die wahren Citys mit ihrer Schutz gebenden Anonymität. Größtmögliche Entfernung zu Eltern, Lehrern, Ausbildern, die sich aufrieben in einem skurrilen Alltag, in ihren Fremdenverkehrsgasthäusern, Autofirmen, kaputt-frivolen Mittelstandsbetrieben mit rot gesichtigen Schützenfestkönigen. Kinder störten hier eher oder »liefen so mit«.

Dieses aufgeladen Grelle und gleichzeitig beklemmend Spießige, das ist die BRD, wie ich sie kennengelernt habe: 70er-Jahre-Partykeller mit Komasuff, Sekretärinnen-Anmache und Schlaganfall am Spanferkelspieß auf der einen Seite, »wir schaffen was«, schaffen uns was an – Braun-Rasierer, Grundig-Stereoanlage, Spektra-TV von Nordmende – auf der anderen. Bedingungsloser Aufbau in wuchernden Wirtschaftswunderzeiten. Viele Familien kamen buchstäblich unter die Räder.

Mein Satz lautet: »Dass ich immer nur wegwill von euch, macht mein Leben so schnell.« Er beschreibt meine ganze Biografie. Untergehen oder abhauen. Ich habe mich für das Abstoßen entschieden – bin dadurch beschleunigt worden, bin wirklich extrem ins Rennen gekommen, habe jahrelang oft viel zu viel gemacht, bis heute. Bis hin zu einem Beinahe-Burn-out mit Gehörsturzwarnschüssen. Das Prinzip Leistung ablehnen und dabei zu viel tun.

Kurz erzählt komme ich aus einer Umgebung, die ziemlich autoritär war. Den biologischen Vater gar nicht erst kennengelernt, der Stiefvater Autoladenbesitzer, Chef in der Firma und Chef zu Hause, hat alle fertiggemacht. Mit Genuss. Ich nenne das »autoritären Humor«. Jeder einzelne seiner Werkstattmeister verließ mit einem Magengeschwür den Betrieb. Richtig harte Sprüche: »Karl-Heinz, ich könnte dir in den Sack treten, dass deine Eier wie Leuchtkugeln durch die Luft fliegen.« Oder: »Du hast ein Benehmen wie ein Gartenschlauch. Krumm und dreckig.« Über die Kundschaft: »Der Affe da – der Affe da hat noch mal Glück gehabt, dass ich heute gut gelaunt bin.«

Zu meiner Mutter: »Hast beim Kochen wohl Glück gehabt, sonst würde es mir gar nicht schmecken.«

Zu mir: »Schau mal durch das Loch hier, dann weißt du was dir gehört.« Oder auch: »Landgraf, werde hart.« Das meint so etwas wie »Indianer kennen keinen Schmerz«.

Jahre später habe ich seine Sätze genommen, aneinandergereiht – und den Song »Angst und Bange am Stück« für Die Goldenen Zitronen daraus gemacht: »Mit 17 Jahren in die Lehre, mit 37 in Therapie«, heißt es da. Und ich singe meinen Satz: »Dass ich immer nur wegwill von euch, macht mein Leben so schnell.«

Urvertrauen ist das, was ich nicht bekommen habe. Ich wurde ein Zündelkind. Klassisch. Ich habe alles Mögliche angezündet: Briefkästen, Autoreifen, Ölfässer, die explodierten, fast hätte ich mal eine ganze Chemiefabrik abgefackelt. Feuer! Alarm! Resonanz! Hallo, bitte seht mich!

Entweder gehst du kaputt, still und leise, verkümmerst. Oder du stellst dich dagegen, greifst an, kommst in Rage. Meinen Selbstwert musste ich mir selber basteln. In vielen Versuchen. Zum Glück kann man Künstler werden auf dieser Welt.

Ich habe mir das nicht ausgesucht: Ich habe meinen Kfz-Mechaniker-Gesellenbrief fertig gemacht, weil ich nichts anderes hatte. Ich habe noch nicht mal einen Hauptschulabschluss, bin von allen Schulen geflogen. Aber das Tolle war, dass ich ein qualitativ herausragender Punker werden konnte: »Das kannst auch du«, hieß ein Düsseldorfer Punk-Label.

Man saß da in diesem Kaff. Hat angefangen, den Dorfbullen, der einen hasste, zu verarschen, irgendwie Scheiße bauen, mit Gleichgesinnten auf dem Platz, wo man nicht gewollt war. Und hat daraus etwas gemacht.

Ich habe dann die Sex Pistols gehört, als Jugendlicher, bin über den Strand gerannt, habe »Anarchy« gebrüllt und fand das maximal passend und erlösend.

Damals gab es um die 1000 Punks in Deutschland, die sich immer wieder begegnet sind. Ich bin endlich nach Hamburg. In Berlin das Chaos, im Hamburger Karoviertel die Marktstuben, in der Düsseldorfer Altstadt der Raitinger Hof, das waren unsere geheimen, unsere heiligen Schutzräume. Von 1977 an, als »Früh-Punks«, haben viele Musik gemacht und sich alle mindestens fünf Jahre lang ziemlich unbemerkt und in Ruhe gelassen, an einigen wenigen Orten getroffen.

Deswegen kennen wir uns so gut: Die Ärzte, Die Hosen, Die Goldenen Zitronen, Rocko Schamoni und viele andere von damals, wir sind Freunde geblieben und sehen uns immer noch. Wir Zitronen haben einen besonderen Weg, einen sehr eigensinnigen gewählt, haben viele Angebote abgelehnt, deswegen taugten wir so wenig für den ganz großen Erfolg. Mein ältester Freund, der Maler Daniel Richter, war mal Goldene-Zitronen-Manager für ein Konzert. Er hat dann aber die Gage verloren, irgendwo bei Flensburg: Die 1000 Mark waren am nächsten Tag weg. Danach war er nicht mehr unser Manager.

Es gibt einen Preis für das hässlichste Auto: Die goldene Zitrone. Dieser Widerspruch steckt auch in meinem Namen. Schorsch ist ein wenig ironisch heimatlich-bayrisch, und Kamerun der Antipode, als erhoffte Weltläufigkeit. Der Name war einfach da, ganz plötzlich. Bei vielen war das so: Rocko Schamoni wurde Rocko Schamoni, als er bei mir zu Hause, Hamburg-Hafenstraße, in der Badewanne lag, sehr verkatert. Plötzlich rannte er nur im Handtuch auf die Straße und brüllte: »UAAAH! Ich bin Rocko, King Rocko Schamoni!«

Die Idee der Zitronen war immer, nicht zur Marke zu werden, die sich vereinnahmen lässt. Universal Records hat uns einen Plattenvertrag über fünf Veröffentlichungen angeboten, das wäre ein Deal über zehn, fünfzehn Jahre gewesen. Genau das wollten wir nicht. Wir wollten Indie, wollten selbstständig bleiben. Unsere Antwort war die Platte »Fuck you« von 1990. Wir verspotten das. Auch ein bisschen unsere eigenen Fans. Von Jan Delay gibt es ein Stück »Ich möchte nicht, dass ihr meine Lieder singt«. Der Hype, diesen prolligen »Bierzelt-Fun-Punk«, haben wir ab dem Moment abgeschüttelt, ein Akt der Selbstermächtigung. Wir waren immer eine politische Band, haben es dann aber noch deutlicher gemacht: Es gab damals heftige Anschläge in Deutschland, in Hoyerswerda, Rostock-Lichtenhagen, Mölln, Solingen, darüber schrieben wir in unseren Songs.

Die anderen haben alle bei großen Plattenfirmen unterschrieben. Später haben sie dann eigene Labels gegründet. Das haben die ziemlich gut gemacht. Die Ärzte fragen sich bis heute: »Ist das noch Punkrock?«

Unser bekanntestes Lied ist »Für immer Punk«, das haben wir aber noch nie live gespielt. Wir spielen das nicht, weil wir damals schon wussten, dass der Punk um den es hier gehen soll, sich im selben Moment den eigenen Schwanz abgebissen hat. Und das ist mal punkig!

Natürlich haben wir auch auf großen Bühnen gespielt, einmal auf einem Festival in Roskilde. Rund 7000 Leute vor der Bühne, viele FC-St.-Pauli-Fans. Es gibt einen besonderen Song von uns, »St. Pauli

Boys« hieß der am Anfang, dann haben wir ihn noch einmal neu aufgenommen: »St. Pauli Boys, St. Pauli Girls«. An diesem Tag kommen wir in Roskilde raus auf die Bühne, und da brüllt uns diese hysterisch begeisterte Meute an. »St. Pauli! St. Pauli!« Wie im Stadion. Die wollten uns abfeiern, als Verbündete. Ihr seid die Jungs aus St. Pauli. Wir auch. Und wir sind jetzt alle hier in Dänemark. »Das ist kein Fußballstadion«, habe ich gerufen. Ich merkte sofort: Ich will das jetzt nicht bejubeln, sich einschwörende Gemeinsamkeiten, jedenfalls nicht in so einer selbstgewissen Masse. Ein Gefühl, das ich nie vergessen werde. Ich wollte das nicht annehmen, diesen Zuspruch. Wir hätten uns ja auch einfach abklatschen lassen können, das fällt uns aber immer sehr schwer. Und so war ich ein bisschen übertrieben anti auf der Bühne. Ich weiß noch, dass ich in dem Sommer kaum durch den Kiez, das Pauli-Viertel, gehen konnte, weil die Leute mich irgendwie doof fanden.

Unsere Marke ist unser Zweifel.

Das ist aber als Merkmal nicht immer ruckelfrei, logisch.

Es gab in der Hafenstraße, in den besetzten Häusern, einen Typen: Doktor Mabuse, ein alter, solider Punker. Der erste, der diese Totenkopffahne schwenkte. Erst aus seinem Fenster, dann im St.-Pauli-Stadion, ein noch überschaubarer Verein in den 80ern. Mabuse müsste eigentlich stinkend reich sein. Diese Anti-Marke, diese symbolische Fahne der Freibeuter aus den besetzten Häusern, wurde nach und nach übertragen, gelabelt in eine hoch erfolgreiche Wiedererkennung. Auf der ganzen Welt bekannt. So what.

Alles, was ich in meinem Leben gemacht habe, ist Folge meines Satzes: Rocko und ich arbeiteten in den späten 80ern im Sorgenbrecher, einer Kneipe auf dem Hamburger Berg. Die gehörte dem Wiener Norbert. Den Sorgenbrecher gibt es heute noch. Christian Kracht, ganz jung, kam immer als Erster rein. Ich machte den Laden auf, da kam der Typ schon rein, setzte sich an den Tresen. Christian Kracht hat damals wenig gesagt. Saß da, ganz schüchtern. Wir sind uns später wieder begegnet, ganz anders, ich glaube wir schätzen uns.

Der erste Pudel Club war ohne jede Konzession in der Schanze, als es die Schanze so noch nicht gab. Rocko hat da von einem Typen einen Schlüssel bekommen, der machte seine Bierkneipe zu. Ob er sein Fahrrad reinschieben könne, hat Rocko gefragt. Und dann haben wir einen temporären Ausprobiersalon aus diesem »Fahrradkeller« gemacht: den ersten Pudel Club. Immer jeden Gast einzeln angerufen, wenn was war. Es gab so eine Action-Liste: »Donnerstag spielt Helge Schneider. Du musst ja nicht kommen«, den damals auch niemand kannte. Es stand sogar mal der Schlagzeuger von Queen am Tresen.

Irgendwann mussten wir raus und fanden dieses Haus, am Hafen. Ein ehemaliger Schmugglerknast, eine Fischmarktkneipe, die aber nicht mehr richtig lief, nur sonntags aufhatte. Der neue »Pudel«, der Goldene Pudel Club! Am zweiten Wochenende kamen schon Gruner-und-Jahr-Leute und wollten über uns schreiben. Das war teils auch anstrengend, ganz schnell im »Mainstream der Minderheit« zu sein, bei jeder »coolen« Bewegung.

Wir haben dann dagegen gearbeitet. Wenn es im Pudel zu voll wurde oder zu viele Speckgürtel-Saufis kamen, die irgendwie nur spannen wollten, haben wir harten Free Jazz gespielt. Zur besten Zeit, nachts um zwölf, am Samstag. Es wurde Musik, die kaum einer hören wollte, rausgeholt. Der Pudel steht immer noch für Experimente, und das finde ich gut.

Eine Dame in der Therapie hat mir einmal gesagt, man muss sich diesen Urvertrauensbruch wie eine Schallplatte vorstellen, mit einer ganz tiefen Furche. Meine Platte drehte sich mein ganzes Leben lang sehr schnell. Tut sie immer noch, als könne sie so weglaufen, weg von dem frühen großen Kratzer. Die Furche muss ich überdecken mit immer neuen Rillen, kleinen eigenen Geschichten, mit Geschenken, mit Freunden, mit guten Beziehungen, mit weiteren sinnigen Irritationen. Die Platte dreht weiter, klingt vielleicht anders als manch andere, aber sie klingt immerhin wie meine, wie meine eigene Platte.

»SIE STEHEN NICHT AUF DER LISTE«

»SIE STEHEN NICHT AUF DER LISTE«

UTE H.* (68)
RENTNERIN, EHEMALIGE
KRANKENSCHWESTER,
FRANKEN

Der Paul hat keine Wimpern gehabt. Als Kleinkind ist er in die Güllegrube gefallen. Da hat er schon laufen können, so mit anderthalb Jahren, läuft und fällt hinein, und seine Mutter hat nur noch das Mützle gesehen und ihn gepackt.

Die ätzt, die Gülle.

Paul war Schmied, Schmiedemeister, und wurde dann in den Krieg eingezogen. Viele im Dorf waren begeistert, jubelten, dass Krieg ist. Er hat die anderen nicht verstanden. 1938 wurde Paul eingezogen. Alle bekamen eine Aufforderung, ob sie wollten oder nicht. Paul wollte nicht. Er wollte daheim sein und seine Arbeit machen.

Seine Eltern waren sehr arbeitsam, hatten fünf Kinder, alles landwirtschaftlich. Aus dem Politischen und dem Kirchlichen hat sich die Familie immer rausgehalten. Der eine Sohn hat sich erhängt, bei Opa Paul, meinem Schwiegervater, haben sie gedacht, er sei gefallen, der andere Sohn hat die Schmiede übernommen. Als Opa Paul 1950 dann doch vom Krieg heimgekommen ist, wollte er ihn nicht aus der Schmiede vertreiben.

Mit 23 musste er an die Front, der Bursche. Sie wurden zusammengesammelt, ausgebildet, namentlich erfasst: Paul H., 1915 geboren. Mein eigener Vater kam in amerikanische Kriegsgefangenschaft. Über diese Zeit konnte er sogar Positives berichten. Paul ist nach Stalingrad gekommen.

Er war Oberhufbeschlagslehrmeister für die Pferde, die sie mit den Zügen nach Russland geschafft haben. Als Unteroffizier hat er auch Männer unter sich gehabt. Und gleichzeitig kleine Operationen an den Pferden vorgenommen. Furunkel aufgestochen oder sie genäht, wenn sie verletzt waren. Sein Besteck liegt noch hier im Haus. Er hat die Hufe beschlagen, unter denen sich Risse gebildet hatten. Wenn die tagelang unterwegs waren, haben die auch gelitten, die Pferde.

Hitler ging ja damals davon aus, er hätte Russland in ein paar Monaten eingenommen. Die Soldaten haben nur Uniformen für den Sommer gehabt; als der starke Wintereinbruch kam, wurden sie überrascht. Die Sommerstiefel, die haben in Fetzen von den Beinen gehangen, mit Lumpen sind die durch die Landschaft gezogen.

Weit und breit nichts als Schnee. In den Dörfern, da haben sie von den Russen zu essen gekriegt und für die Pferde auch etwas. Die haben sie ja nicht niedergemacht, weil die Russen ihnen geholfen haben. Das hat der Paul immer erzählt, in den kleinen Dörfern haben sie Hilfe gehabt.

Es war ein kalter Winter, denen ist praktisch der Urin gefroren. In Sommerkleidung, die Lumpen um die Füße, sind sie nur gelaufen. Irgendwann haben sie die Orientierung verloren. Sie sind nur noch gelaufen, damit sie nicht erfrieren. Es muss ganz schlimm gewesen sein.

Es gab einen Schneesturm. Weit und breit nichts, tagelang. Paul und sein Trupp sind gelaufen, gelaufen, gelaufen. Niemand wusste mehr, wo sie sind. Irgendwann sind Pferde gestorben, die mussten sie dann liegen lassen. Manche haben sie auch getötet. Die haben ja Waffen dabeigehabt. Ich denke, Paul hat sicher auch Menschen getötet. Das habe ich mich nie fragen traun, was da war.

Sie waren länger unterwegs, als sie normalerweise zwischen den Proviantstationen gebraucht haben. Dort haben die deutschen Soldaten was zu essen gekriegt, Proviant und Unterkunft, Kleidung und Heu für die Tiere. Dass sie überhaupt wieder wussten, wo sie waren. Sie haben schon gar keinen Hunger mehr gespürt. Die Kälte. Sie waren schon abwesend, in einer anderen Welt. Und dann tauchte diese Station auf, mitten im Nichts. Eine deutsche Proviantstation. Paul hatte Männer und Tiere dabei, für die er verantwortlich war. Da ging es um Leben und Tod. Etwa 50 Pferde. 15 Leute. Fast zwei Wochen unterwegs, ohne Nahrung. Wirklich ausgehungert. Die waren heilfroh, als sie die Station erreichten. Haben gedacht, es wäre eine Fata Morgana.

Paul hat die Tür geöffnet. Da stand ein deutscher Wachsoldat.

Er ist allein rein und hat gesagt, für die Menschen und für die Pferde brauche er Essen.

Dann wurde er zum Verwalter geschickt. Der hat nachgeschaut und gesagt:

»Sie stehen nicht auf der Liste.«

Auf Deutsch, eine deutsche Proviantstation, und du stehst nicht auf der Liste.

Paul hat seinen Revolver rausgeholt und ihm an den Kopf gehalten:

»Entweder du gibst uns was zu essen, oder du bist tot.«

Draußen der Trupp, der am Verhungern war.

Das Einfachste wäre es gewesen, wenn er diesen einen Soldaten überzeugt hätte, dass er gar nicht erst auf die Liste schaut. Wenn er den so bedroht hätte, dass er diese Liste vergisst oder ihn nachträglich draufschreibt. Hätte er ihn erschossen, hätte er das ganze Lager gegen sich gehabt. Auf seiner Seite hätten nur 15 Mann gestanden, ausgehungert.

Jedenfalls hat er später immer gesagt: »Wir haben zu essen gekriegt. Wir und die Tiere, wir haben alles bekommen.«

Stalingrad. Die russische Kriegsgefangenschaft, das hat ihn geprägt. Das Wort Reis mochte er sein Leben lang nicht einmal hören. Das war tabu. Reis durfte bei uns nicht mehr auf den Tisch.

Ein furchtbarer Verwesungsgeruch, hat er gesagt: verdorbenes Fleisch, in Reis gekocht. Sie mussten essen, das schlechte Fleisch, nicht viel, dazu der gekochte Reis. Sie haben nichts andres kriegt. Und sie haben gegessen. Zum Überleben.

Diese Schreie in der Nacht auf Russisch. Dass sie aufstehen, durch die Gänge laufen, damit sie alle aufwachen, keine Ruhe haben. Sie haben aber ja nichts verstanden. Dieses schlagartige Erwachen und diese Schreie in fremder Sprache.

Paul erzählte, dass ein Aufseher durch die Gänge gegangen ist und Brot angeboten hat. Er wollte Gold, die Eheringe oder einen goldenen Zahn, den er dann hat rausnehmen lassen. Dafür haben die Gefangenen einen Kanten Brot bekommen.

Paul hat nicht viel Goldenes gehabt, nur seinen Ehering. Das wäre für ihn ein Verrat an seiner Frau gewesen, das konnte er nicht. Er hat gesagt, er hat solchen Hunger gehabt, er hätte das Brot so gern genommen.

Sein Kamerad neben ihm war so schwach, der konnte nicht mehr sitzen. Der hat dann seinen Ehering hergegeben und hat das Brot auf einmal reingegessen. Dann ist er aufgebläht, und der Bauch platzte. Er verstarb neben ihm. Er gibt seinen Ehering und stirbt dadurch.

Paul hat seitdem kein einziges trockenes Stück Brot weggeschmissen. Er achtete auf jedes Stück, und wenn es noch so trocken war, da wurde dann Brotsuppe draus gemacht. Er war sehr sparsam, manche sagen geizig, aber in seinen Augen war er das nicht.

1950 ist Paul heimgekommen, nach Jahren in Kriegsgefangenschaft. Der Adenauer hat irgendetwas Politisches gesagt, und dann sind viele deutsche Gefangene aus Stalingrad freigelassen worden. Paul ist mit dem Zug gekommen. Das letzte Stück, die letzten 29 Kilometer, ist er dann zu Fuß von Fürth oder Lemberg gelaufen.

Eine breite Narbe hat er gehabt vom Krieg. Ein Granatsplitter. Das hat ihn richtig entstellt. Für ihn war das aber nicht so schlimm. »Die ist halt net gescheit zusammengeheilt, weil sie mich dreimal in den Luftschutzkeller tragen mussten. Hat sich dann entzündet«, hat er gesagt. Über die Narbe ist nicht viel geredet worden, weil wir ihn nicht anders gekannt haben, und keine Wimpern hatte er.

Er ist dann zu seiner Frau. Das war schwierig. Sie haben als Ehepaar auf dem Bauernhof gelebt. In seinem Heimaturlaub ist sie schwanger geworden. 1945 kam das Kind, da war er noch in Gefangenschaft.

1993 ist er bei uns eingezogen, sechs Jahre hat er hier gewohnt. Es gibt noch Strümpfe, in denen »Paul H.« steht, und Unterhosen. Wir haben geplant, in den Urlaub zu fahren, da haben wir seine Sachen gekennzeichnet mit Namen. Gestickt, nicht geschrieben, für die Kurzzeitpflege. Er hat aber immer gesagt, nur über seine Leiche geht er ins Altenheim.

In den 90er-Jahren, ARD oder ZDF, haben sie spät in der Nacht Kriegsdokumentationen gezeigt. Die hat er angeschaut, bis nachts um eins oder sonst was. Er saß dann in seinem Zimmer vor dem Fernseher, später mit Kopfhörern, und hat sich das nächtelang angeschaut. Die Bomben sind so laut eingeschlagen, das konnte keiner mit anhören. Er hat das sehr laut aufdrehen müssen, er wollte keine Hörgeräte.

Dann hat er gesagt: »Das muss ich anschauen. Das muss ich anschauen. Genauso war's, genauso war's.« Und: »Ich will dir bloß sagen, ich kann nicht drüber reden, aber was die zeigen, so war es wirklich. Das habe ich so erlebt, das war wirklich so!« Dann hat er unheimlich geheult. Da ist alles hochgekommen. Die haben nach dem Krieg schauen müssen, die haben das nicht verarbeitet.

Und dann fragst nicht nach.

Die Geschichte, mit diesem Satz, die hat er kurz vor seinem Tod noch einmal erzählt. Ein weiteres Mal hat er sie erzählt, nur etwas anders als zuvor. So eindrücklich, dass ich sie meinem Sohn erzählt habe. Er hat sie aufgeschrieben: mit 16 Jahren.

Ein Spätsommertag, Dahlien haben geblüht, Geranien, Topinambur. Paul hat dagesessen, und wir haben einen Frankenwein getrunken. Auf einmal sagte er: »Zeig mir noch mal deinen Garten.« Und dann haben wir zugesehen, dass wir ihn durch den Garten bekommen, weil er schon sehr alt war. Er ist unsicher gelaufen. Ich habe ihn untergehakt, einen Rollator wollte er nicht. Da war er ein wenig stolz, aber einen Stock hat er gehabt.

Im Garten fühlte er seine Frau. Da war sie ihm am nächsten.

Aus dem Nichts sagte er: »Ach Madle, wenn du wüsst, was ich alles erlebt hab …«

Dann erzählte er wieder, wie lange er sich mit dem deutschen Soldaten gestritten hatte, wieder, wie lange das alles gedauert hat, bis er ihm die Waffe an den Kopf gehalten hat.

Ihm war das ganz wichtig, das wieder zu erzählen.

Der wollte ihm nichts geben, weil er nicht registriert war.

»Du hast ihm dann ja die Waffe an den Kopf gehalten«, sagte ich.

Er habe gar keinen anderen Ausweg mehr gesehen, der hätte ihnen nichts gegeben, sagte er.

Auf einmal hat er losgeheult. Da bin ich erschrocken.

Und habe ihn in den Arm genommen und nicht weiter nachgefragt. So sind wir zusammen Arm in Arm weiter schweigend durch den Garten gelaufen.

Ich habe mir schon oft überlegt, vielleicht wollte er einfach mitteilen, dass es Situationen gibt im Leben, in denen du dich für etwas entscheiden musst.

»ICH WAR
VERHEIRATET,
BIS DAS KROKODIL
MICH ANGRIFF«

»ICH WAR VERHEIRATET, BIS DAS KROKODIL MICH ANGRIFF«

LINDA E.* (31)
YOGINI,
MEXIKO

Unsere *cenote* schimmerte türkis, Fische schwammen mit glitzernden Flossen darin. Wie in dem Kinderbuch *Der Regenbogenfisch*. Wir haben die Fische gefüttert, nachts, unter dem klaren Sternenhimmel. Der Mond. Die Geräusche. Ein wirklich wunderschöner Ort. Mitten im mexikanischen Dschungel.

Es war im November des Jahres 2021, in Tulum, einer kleinen Hippiegemeinschaft. Mein Bambushaus lag direkt an einer *cenote*, die nach einer Maya-Göttin benannt wurde. Eine *cenote* ist ein See oder Teich, bei dem alles unterirdisch miteinander verbunden ist, für die Maya der Weg in die Unterwelt. In diesen Gewässern haben sie Rituale und Zeremonien abgehalten oder die Höhlen als Friedhöfe benutzt. *Cenote* bedeutet in ihrer Sprache: »heiliger Quell«.

In dieser Gemeinschaft lebte ich zusammen mit anderen. Es gab außerdem verschiedene zeltähnliche Gebäude, die man mieten konnte. Viele reisende Künstler verbrachten einige Zeit mit uns. Abends saßen wir oft beisammen, in der Mitte konnte man Feuer machen, wir sangen Lieder, tanzten, und die Kinder haben gespielt. Ein friedlicher Ort.

In genau dieser *cenote* lebte auch ein Krokodil. Es hatte keinen Namen. Wir nannten es *cocodrilo*, Spanisch für Krokodil, von Schwanz bis Kopf etwa so groß wie ich, einen Meter siebzig.

Es lief wirklich gut mit diesem Krokodil. Die Kinder tobten herum, auch im Wasser, es war immer sehr friedlich. Man sagte uns, wir sollten ab sechs oder sieben Uhr abends nicht mehr schwimmen. Und auch erst wieder ab acht Uhr morgens, weil die Krokodile in der Zeit dazwischen aktiv sind. Und unser *cocodrilo* hat auch viel gefressen. Es war halt ein Krokodil.

Wir hatten ein *temazcal* dort, wie eine Schwitzhütte, ein Dampfbad, zur Heilung von Krankheiten. Der Name stammt aus dem

Aztekischen. Ein Lehmhaus, in dem man gemeinsam singt und eine Art Zeremonie abhält. Man bleibt zwei Stunden drin, es kommen heiße, große Steine hinein, man singt Lieder, ein Reinigungsprozess.

Ich war an diesem Tag in der Zeremonie. Mein Ehemann hatte mir gerade mitgeteilt, dass er nicht zurückkommen würde. Kurz zuvor war er nach Chile gereist, um seine Familie zu besuchen und sich von seinem Vater zu verabschieden, der im Sterben lag.

Zu diesem Zeitpunkt waren wir vier Jahre zusammen. Wir führten eine Ehe, in der wir gerade entschieden hatten, in zwei getrennten Häusern zu wohnen. Ich war am Abstillen unserer gemeinsamen Tochter, zwei Jahre alt. »Du nimmst unsere Tochter mit«, sagte ich zu ihm. Dann hätte ich zum ersten Mal seit der Geburt zwei, drei Wochen für mich gehabt.

Doch mein Mann hat sich drei Tage vor dem Abflug Salmonellen eingefangen. Ich habe mich um ihn gekümmert. Dann ist er allein geflogen. Nach einer, vielleicht zwei Wochen erhielt ich eine Nachricht von ihm: »Ich komme nicht mehr zurück.« Per WhatsApp.

Er blieb in Chile.

An diesem Tag saß ich in dem *temazcal* und war sehr wütend. Ich habe zu einem Freund gesagt: »Ich bin so sauer, am liebsten würde ich mit dem Krokodil kämpfen.« Man sollte immer aufpassen, was man sagt, weil Gedanken Worte werden, und Worte werden Taten.

Am nächsten Tag habe ich meine Tochter auf dem Arm einer Freundin gelassen und bin hinunter zur *cenote* gegangen, halb sieben, Abenddämmerung. So what, habe ich mir gedacht, ich kriege das auch irgendwie allein hin. Soll er ruhig in Chile bleiben. Dann ging ich nackt ins Wasser.

Ich schwamm in die Mitte der *cenote*, die nicht sehr groß war, vielleicht 30 Meter Durchmesser, umgeben von Schilf und Gräsern. Auf der anderen Seite war ein Steg, zu dem wollte ich. In der Mitte sah ich mich um und dachte: Linda, du hast es geschafft, du lebst im Paradies. Der Dschungel, die Geräusche, ein besonderer Ort.

In diesem Moment schoss das Krokodil hoch. Auf mich drauf. Ich habe nichts gehört oder gesehen, weil es von unten nach oben sprang. Ich blickte nach rechts und sah diesem Krokodil direkt in die Augen, grün-gelb. Ich habe einen Kampfschrei von mir gegeben. Einen richtigen lauten Kampfschrei, voller Kraft. Ich spürte die Krallen des Krokodils tief in meiner Haut. Doch dann ließ es von mir ab, und ich bin ruhig weitergeschwommen. Nach draußen.

Ich weiß nicht, wie das ausgegangen wäre, hätten wir wirklich miteinander gekämpft. Das Wasser war sein Revier, da wirken ja noch mal andere Kräfte. Doch seit diesem Tag ist es so, als ob das Krokodil mir ein Stück von seiner Kraft abgegeben hätte.

Das Krokodil hat mich nicht gebissen, es hat mich wirklich nur angesprungen und gekratzt. Auf meinem Körper habe ich bis heute die Narben. Normalerweise würden Krokodile versuchen, einen zu fressen oder unter Wasser zu ziehen. Dieses hat abgelassen von mir. Sehr untypisch für so ein Krokodil.

Ich habe dann meinem Ehemann in Chile Fotos geschickt von meinen Wunden, die wirklich groß und tief waren, und ihm beschrieben, was geschehen ist.

Es kam nur ein Wort zurück: »What?« Dann ein erschrockener Smiley.

Sonst nichts.

Als ich am nächsten Tag aufwachte, war da immer noch nichts. Kein »Geht's dir gut?«, kein »Wie geht es unserer Tochter?«, nichts. Da habe ich das erste Mal richtig geweint.

Aus diesem Grund sage ich immer: »Ich war verheiratet, bis das Krokodil mich angriff.«

Seit diesem Tag wusste ich: Meine Ehe ist vorbei.

Ich habe diesen Angriff nicht provoziert. Wir sind oft in der Abenddämmerung schwimmen gegangen, auch morgens. Das *cocodrilo* war für uns keine Gefahr, wir hatten Vertrauen zu ihm gefasst. Niemand hätte gedacht, dass es so etwas machen würde. Ich bin ins Wasser gegangen, weil ich schwimmen wollte. Das einzige Auffällige ist, dass ich am Tag zuvor verkündete: »Ich bin so wütend, am liebsten würde ich mit dem Krokodil kämpfen.« Dieser Satz ist einfach rausgeplatzt, zusammen mit meiner ganzen Wut. Darüber, dass ich zurückgelassen, allein gelassen worden bin, dort, an diesem Ort. Ich war so unglaublich wütend auf meinen Ehemann, der mich mit einem zweijährigen Kind allein ließ, ohne Familie, im Dschungel, allein mit dem Kind mitten in Mexiko.

Am nächsten Tag kam der Crocodile Dundee. Es war schwierig, das Krokodil zu fangen. Fünf Tage haben sie gebraucht, acht Hühnchen sind dabei gestorben. Es war wirklich ein sehr, sehr schlaues Krokodil. Der Crocodile Dundee meinte zu mir, dass er dieses Verhalten von einem Krokodil ungewöhnlich findet. Sie haben das Krokodil natürlich nicht getötet, sondern kilometerweit in den Dschungel gefahren, an einen Ort, an dem keine Menschen leben. Ich hoffe, es gefällt ihm dort. Und es hat keine Probleme mit anderen Krokodilen. Ich weiß ja nicht genau, wie das abläuft. Im Grunde waren wir für unserer beider Leben entscheidend.

Mein Herz war gebrochen, als ich dem Krokodil begegnete, aber es musste aufbrechen, damit es sich wieder öffnen konnte.

»SIND SIE VERKLEIDET,
HERR KELLERMANN?« –
»NEIN, ICH BIN EINE FRAU«

»SIND SIE VERKLEIDET, HERR KELLERMANN?« – »NEIN, ICH BIN EINE FRAU«

GEORGINE KELLERMANN (68)
EHEMALIGE LEITERIN
DES ESSENER WDR-STUDIOS,
DÜSSELDORF

Bei meiner Geburt am 21. September 1957 war mein Vater nicht dabei. Er lag ölverschmiert unter einem Lastwagen, um ihn zu reparieren. Meine Mutter lag derweil im Krankenhaus, um ihr erstes Kind auf die Welt zu bringen. Auf den Tag genau 62 Jahre später habe ich mir selbst eine Reise geschenkt: nach San Francisco. Denn zu dieser Stadt habe ich eine besondere Beziehung: Ich liebe die Golden Gate Bridge. Ich mochte Brücken schon immer, weil sie etwas Majestätisches, Verbindendes haben. Mein Wunsch war es, an meinem 62. Geburtstag als »Georgine« über eben diese Brücke zu laufen. Nicht als Georg Kellermann, seit 1983 beim WDR, ARD-Korrespondent in Washington und Paris, Leiter des WDR-Studios, der ich nach außen hin nun mal war. Die Golden Gate Bridge gilt weithin als die »Selbstmord-Brücke«. Die meisten gehen dorthin, um ein Leben zu beenden. Ich habe diesen Ort gewählt, um ein neues zu beginnen.

Es war der 17. September 2019, ein Mittwoch, ich war auf dem Weg zum Frankfurter Flughafen und hatte mich für die Reise gekleidet. Nicht sehr auffällig: Ballerinas mit Schleifchen vorne drauf, eine Dreivierteljeans, dunkelrote Fingernägel. Ich hatte mich geschminkt und eine riesige Sonnenbrille aufgesetzt.

Ich hatte zwei große Koffer dabei, stand gerade auf der Rolltreppe. Da tauchte der Kopf einer Kollegin vom WDR am oberen Ende der Treppe auf. Eingepfercht zwischen meinen Koffern kam ich ihr mit jedem Meter ein Stück näher. Drei Tage zuvor hätte ich in diesem Moment alles getan, damit sie mich nicht sehen würde, hätte mich weggedreht, wäre weggelaufen. Und sie hätte sich dann ihr Leben lang gefragt: War das jetzt der Kellermann, oder war der das nicht?

Jetzt war ich also am Scheideweg. Dann bin ich auf sie zugegangen.

Sie blickte mich an: »Sind Sie verkleidet, Herr Kellermann?«

»Nein, ich bin eine Frau.«

Es dauerte einen kurzen Moment, einen Moment des Begreifens. Das brauchte es.

Dann hat sie gesagt: »Cool.«

Und das war's.

Es gab keinen Plan wie »Ich werde am 17. September, um 10:03 Uhr, am Bahnsteig 16 des Düsseldorfer Bahnhofs meine Identität bekannt geben«. Es ist einfach passiert. Privat war Georgine ja immer schon Georgine. Nur nie nach außen hin. Ich hatte es vorgezogen, mich zu verstecken. 60 Jahre lang. Zu Hause war ich ich. Manchmal kam es vor, dass ich mich getraut habe, mit Pumps ins Kino zu gehen. Dabei geht es gar nicht unbedingt darum, hohe Schuhe anzuziehen: Der liebe Gott hat für mich die falsche Verpackung gewählt. Und mit den Pumps, mit dem Nagellack, mit der Schminke kann ich diesen Fehler kaschieren, ihn wegradieren. Und das ist mir wichtig.

In San Francisco bin ich dann einfach losgelaufen. Zu Fuß nach Sausalito, über 20 Kilometer. Ich trug etwas flachere Schuhe als heute, einen Jeansrock und hatte einen großen Hut auf. Das sah supersüß aus. Bei der Golden-Gate-Fähre angekommen, stand ein älteres Pärchen hinter mir. Die Frau blickte auf meine lackierten Fingernägel und sagte: »Oh, did you do it yourself?« – »Hast du es selbst gemacht?« »Yes!«, antwortete ich. Dann sagte sie zu ihrem Mann: »She did it herself.« »Sie.« Das war das erste Mal, dass mich jemand so bezeichnete.

Dann bin ich über die Golden Gate Bridge gelaufen. Es war sonnig. Was selten ist, es gibt oft Nebel über San Francisco. In der Mitte bin ich stehen geblieben und habe mit wehendem Rock hinuntergeguckt. Von oben sieht man erst, was das für ein massives Stahlgebilde ist. Es war Glück in Reinform, meine zweite Geburt.

Erst gestern habe ich jemandem gesagt: »Ich heiße Kellermann. Frau wäre mir lieber. Aber das ging nicht.« Ich trage das »Mann« in meinem Namen, ich werde es nie ganz loswerden. Ein Deadname, ein Todesname, ist der Name einer trans Person vor ihrer Transition, den man normalerweise ablegt. Wenn ich aber den Georg wegwerfen würde, dann würde ich den größten Teil meiner Arbeit wegwerfen, auf die ich stolz bin. Das geht doch nicht. Außerdem haben meine Eltern »Georg« für mich ausgesucht. Ich würde sie doch vor den Kopf stoßen, wenn ich sagen würde: »Nee, dann suche ich mir jetzt Chantal aus oder Barbara.« Sie haben mich Georg genannt – und Georgine ist wunderschön.

Als ich klein war, vielleicht acht oder neun, gab es diesen Kleiderschrankmoment. Ich bin zu Hause, in Ratingen, erwischt worden, in den Kleidern meiner Mutter. Meine Mutter hat die Kleider danach verbrannt. Wir hatten einen Kohleofen in der Küche stehen. Da sind die reingekommen. Als Kind hat mir das damals einen Stich gegeben, einen ziemlichen Schreck. Es waren die Kleider meiner Mutter, ich hatte sie einfach nur anprobiert. Ich bin in mein Zimmer gelaufen und habe geweint. Mein Vater hat mir dann ein Gespräch angeboten. Ich habe unheimliches Glück gehabt: Der hat mich ja nicht übers Knie gelegt und verdroschen. Sondern er hat gesagt: »Wollen wir reden?« Doch ich wollte unbedingt zu Hause ausziehen. Raus sein.

Mit dem Auszug, da war ich dann 24, bin ich auch sofort losgezogen und habe mir neue Klamotten gekauft. Die erste Sache, die ich mir aussuchte: ein Paar Damenschuhe. Von einer Billigfirma, mit einem Geflecht vorne drauf, schwarz und rot. Keine High Heels, ich wollte nicht zu sehr auffallen. Aber sie waren rot. Und viel zu klein, da ich sie nicht im Laden anprobieren wollte. Ich musste sie dann hinten aufschneiden, damit ich reinpasste. Das zweite Paar Schuhe habe ich bei Deichmann gekauft. Da wusste ich ja, auf welche Größe ich achten musste – sie passten perfekt. Ebenfalls Schuhe, die nicht besonders auffielen. Ich bin in dieser Zeit nur nachts mit den Schuhen rausgegangen.

Mein eigenes, privates Coming-out kam danach schleichend. Ich nannte mich damals noch nicht Georgine. Aber meine Partnerinnen wussten, dass ich Frauenkleider anziehe. Sie alle haben das akzeptiert. Es ist noch gar nicht so lange her, dass ich Georgine genannt werden wollte. Vielleicht ein paar Jahrzehnte. Meine letzte Lebensgefährtin, wir waren 13 Jahre zusammen, sagt heute noch manchmal Georg zu mir. Und ich nehme ihr das auch überhaupt nicht übel.

Ich bin damals, in den 90er-Jahren, schnell ins Netz gegangen. Mit meinem AOL-Zugang mit Modem und Piepsen. Dort fand ich langsam die Communitys, in denen Menschen wie ich unterwegs waren, die sich damals aber noch nicht »trans« nannten. Das waren »Crossdresser-Foren«. Da war man zwar anonym, aber ich erfuhr vom Schicksal anderer Menschen. Ich sage immer: »Die haben ihr Leben im Kofferraum.« Dieses Verstecken. Auch privat. Das war bei mir nicht so. Den Menschen, mit denen ich zusammengelebt habe, die mich ertragen haben, denen muss ich ein Leben lang dankbar bleiben.

Ich kam dann schnell zum Fernsehen, zum WDR. Ich habe weder ein Volontariat noch ein Studium, normalerweise brauchte man beides.

Ich bin jeden Tag in Damenschuhen zur Arbeit gefahren, mit einem kleinen Absatz. Das war nur für mich, im Büro wollte ich sie nicht tragen. Deswegen lagen in meinem Kofferraum immer eine Reihe Loafer, flache Schuhe. Aber während der Fahrt war ich so lange ich selbst, wie ich wollte, wie ich durfte, wie ich konnte. Es ging um die Zeit, die mir blieb, als ich selbst.

Ich habe meinen Job beim WDR immer sehr geliebt, vielleicht sogar etwas mehr als mich selbst. Meine größte Sorge war immer, dass, wenn ich werde, wer ich bin, ich nicht mehr tun kann, was ich liebe.

Das Risiko war mir einfach zu hoch. Ein Freund, der künstlerisch im Fernsehen sehr aktiv und homosexuell ist, sagte mir einmal: »In den 80er-Jahren hat man mir im WDR gesagt, aber das mit dem Schwulsein, das behältst du besser für dich.« Und da ist was dran. Ich kann mir nicht vorstellen, dass ich irgendwo eine Nische gefunden hätte. Wir brauchen nicht fünf Dirk Bachs. Maximal zwei wahrscheinlich.

Vor wenigen Monaten traf ich einen Kollegen vom *Morgenmagazin*. »Johannes, ich bin eine Frau«, habe ich gesagt. »Was muss das für eine Kraft gekostet haben, all die Jahre diese zwei Rollen zu leben?«, fragte er. Er hatte recht. Wir sprechen hier über 40 Jahre WDR und einen ganz kurzen Zeitraum von vier Jahren, in dem ich erst ich selbst bin. Und so glücklich war ich noch nie in meinem Leben. Ich muss mindestens 90 werden, damit ich das noch auskosten kann.

2018 ging ich das erste Mal im Damenkostüm einkaufen. Ein Jahr später, als ich beim WDR geoutet war, kam natürlich die Frage auf: Kann denn Georgine Kellermann vor der Kamera stehen? So wie Georg das getan hat? Nicht mal ein halbes Jahr später hatte ich meinen ersten Einsatz: Bei *Feuer und Flamme* haben sich Bochumer Feuerwehrleute begleiten lassen. Von den Zuschauern kam viel mehr Zuspruch als Hass. Am 1. September 2023 bin ich in Rente gegangen. Dann habe ich in der Tat 40 Jahre und acht Monate im WDR gearbeitet. Drei Jahre davon als ich selbst.

Natürlich gibt es auch schwierige Momente. Ich treffe Sicherheitsvorkehrungen: Wenn ich auf einen Zug warte, stelle ich mich zum Beispiel nie an die Bahnsteigkante, sondern immer mit dem Rücken zu einer Lehne oder einem Pfeiler, weil ich hinten keine Augen habe.

Unsere Gesellschaft verändert sich. Deswegen ist Sichtbarkeit so wichtig. Wir müssen dagegenhalten. Die schweigende Mehrheit muss endlich aufstehen. Weil wir mehr sind.

Ich mache mir Gedanken, wo ich hingehen kann, wenn eine Regierung am Ruder ist, die Menschen wie mich im Vorfeld als minderwertig abstempelt. Ist Dänemark dann ein guter Ort? Wann verkaufe ich hier meinen Besitz? Nachdem die an der Regierung sind? Dann wird es nicht mehr viel wert sein. Ich liebe mein Haus, das Haus meines Urgroßvaters. Solche Sachen gehen mir durch den Kopf. Ich wäre froh, wenn ich mich damit nicht auseinandersetzen müsste.

Und ja, es macht mir Angst. Wir müssen aufstehen und diese Trägheit überwinden. Meine Sorge ist einfach, dass wir das nicht tun werden. Denn diese Rechtsradikalen und Rechtsextremen, die haben ihre Trägheit überwunden.

Und wir müssen das genauso tun.

»MIT MIR NICHT«

»MIT MIR NICHT«

DÜZEN TEKKAL (45)
KRIEGSBERICHTERSTATTERIN,
JOURNALISTIN,
HANNOVER

»MIT MIR NICHT« (1)

Das erste Mal sagte ich den Satz, der mich seither wie ein roter Faden durch mein Leben begleitet, in der Küche in Hannover. In unserem Haus. Ich war eine Heranwachsende, Teenagerin, zwölf oder dreizehn, also noch sehr jung. Ich weiß noch, dass es ein Sommertag war. Es war warm, es war schön. Und das ist auch wieder so eine Grausamkeit des Lebens, dass das Wetter indifferent zu deiner Situation stehen kann. Dieses Gefühl habe ich am stärksten gespürt, als es zum Völkermord an meiner eigenen Religionsgemeinschaft kam, den Jesiden. Auch wenn es wunderschön ist, wird draußen gemordet, oder Entscheidungen werden getroffen, die grausam sind.

Meine Mutter hatte gerade gekocht, Weinblätter hatte sie gemacht. Sie stand am Herd und sprach mit meiner Tante. Dann sagte sie gar nicht so böse, eigentlich noch sehr lieblich und nett: »Wie wäre es denn, wenn du den heiratest?« Ich kannte den. Ich kann den Namen nicht sagen. Ich kann den Namen noch nicht mal heute aussprechen. Ein paar Jahre älter ist er gewesen. »Und wie wäre es denn nun, wenn du den heiratest?«, fragte meine Mutter wieder. Das wäre doch gut. Auch für die Kultur. Für dies, für das.

Im Teenageralter sollte man über Heirat nicht nachdenken müssen. Das erste Mal ist mir dieser Satz also begegnet, als meine Eltern das Gefühl hatten, ich solle heiraten, und sie mir auch sagen wollten, wen. Ich habe meinen Satz zuerst leise zu mir selbst gesagt. Dann habe ich ihn laut ausgesprochen, wirklich laut: »Nee, nee, mit mir nicht. Mit mir macht ihr das nicht, mit mir macht ihr das nicht! Mit mir nicht! MIT MIR NICHT!«

Das wurde irgendwann zu einem Mantra: »Mit mir nicht.« Und ist es auch bis heute geblieben. Weil jedes »Nein« zu etwas oder jemand anderem ein »Ja« zu mir selbst war.

Du kannst mich gern töten, aber das mache ich nicht, dachte ich. Weil das wäre ja wie ein Tod, würde man meine Freiheit töten. Ich glaube, ich habe sogar meine Wange hingehalten, nach dem Motto: Ich habe keine Angst, ihr könnt mit mir machen, was ihr wollt, aber ihr werdet es nicht schaffen, dass ich zu einem Objekt werde, dass ihr meinen Willen brecht oder ich aufgebe.

Ein großes kurdisch-jesidisches Migrationsdrama begann: Wie kann sie es wagen zu widersprechen? Schock und Entsetzen: Was für eine Frechheit! Wie kannst du nur? Das erste Kind. Ich war das erste Kind, das widersprochen hat. Ich hatte einen treuen Bruder, eine treue Schwester, eine große Schwester, für die ich mich immer verantwortlich gefühlt habe.

Und: Ich war die Erste, die in unserer Familie gesagt hat: Nein! So sehr ich den Kollektivismus unserer jesidischen Kultur schätze, das Aufeinanderachtgeben, so sehr gibt es auch eine Kehrseite: Individualismus wird nicht gern gesehen. Bei meinen Eltern kam Angst auf, das verstehe ich heute sehr gut.

Da fielen dann Sätze wie: »Wie kannst du mir das antun? Wie kannst du uns das antun? Wie kannst du unserer Kultur das antun? Wie soll ich vor die Tür gehen? Wie soll ich zum Onkel, zur Tante? Was soll ich erzählen?« Es war für sie sehr wichtig, was die Leute denken.

Jetzt habe ich erst verstanden, dass es das erste Mal war, dass dieser Muskel angelegt wurde. Der sich dann durch mein ganzes Leben zog. Stärker wurde. Mit zwölf Jahren wusste ich, was ich vorher schon vermutete: dass man für Freiheit kämpfen muss, und zwar ganz, ganz doll. Und dass Freiheit keine Selbstverständlichkeit ist. Dass Freiheit auch sofort droht, einem weggenommen zu werden. Wenn ich ein labiler Charakter gewesen wäre, instabil, wenn ich harmoniebedürftig gewesen wäre, dann hätte meine Geschichte anders ausgehen können.

Ich bin in Freiheit aufgewachsen, jeden Tag herumgestreunt. Wie die Jungs sind wir immer morgens raus und abends mit ganz vielen Geschichten nach Hause gekommen.

Ich wollte nach den Sternen greifen. Ich wollte nicht nach Hause, ich wollte nicht ins Bett, ich wollte nicht runterkommen, ich war so lebendig. Doch neben dieser Lebendigkeit existierte auch etwas anderes, das lähmte: starre Rollenvorstellungen, die die Jahrhunderte überdauert hatten.

Meine Kultur beinhaltet auch sehr viel Schönes, aber es gab diesen toxischen Teil davon, wie man als kurdisch-jesidisches Mädchen zu sein hat: treu, eine gute Hausfrau, verheiratet, untergeordnet und aufopferungsvoll. Das sah ich nicht für mich. Konnte ich nicht einfach eine Jesidin sein, ohne das alles?

Ich habe viele Frauen und Männer erlebt, die in meinem Umfeld zwangsverheiratet wurden. Ich habe viele gesehen, die viel zu früh, viel zu ungewollt von ihren Familien vermählt worden waren. Viele traurige Frauen und Männer.

Ich erinnere mich an die Hochzeiten, auf denen wir waren, in Hannover, in der Süntelstraße, im Gewerbegebiet. Hähnchen auf Plastiktellern. Laut und durcheinander. Ich habe gesehen, was mit Frauen passiert, die sich nicht trauen, sich zu wehren. Weißt du, wie alt diese Frauen waren: Teenager. Die waren oft 16, 17. Ich habe das verdrängt, aber ich glaube, es wird Zeit, darüber zu sprechen. Traurige Gesichter von Bräuten. Wo ich immer dachte, das muss man doch feiern.

Ich habe erst viel später gemerkt, dass Hochzeit für mich eine schwierige Geschichte ist.

Weil ich Hochzeit als Zwang abgespeichert habe, nicht als Freude, als Ärger, als patriarchales Gesetz.

Das hat etwas damit zu tun, dass ich aus einem Kulturkreis stamme, in dem die Heirat eine sehr große Rolle spielt, weil wir verfolgt werden, seit es uns gibt, die Jesiden. Ich musste das früher immer erklären, aber jetzt weiß es jeder durch den IS-Terror.

Mit dieser Verfolgung ist etwas passiert, das dann immer passiert: die Zwangskonvertierung. Und das war die größte Angst meiner Eltern. Das heißt, diese Regel, untereinander früh zu heiraten, ist irgendwann einmal entstanden, um uns zu schützen. Das hatte seine Bewandtnis. Man kennt das zum Beispiel auch von Katholiken oder von Evangelen. Da wurde früher auch unter sich geheiratet. Ein Relikt.

In der Diaspora ist die frühe Heirat zur Herausforderung geworden, weil wir eine ganz andere Welt kennengelernt haben und nicht mehr in Gefahr waren. Dass die Gefahr der Entwurzelung durchaus bestand, das wusste ich damals nicht.

Als eine wichtige, enge Person in meinem Umfeld heiraten musste – und ich sah, wie schmerzhaft das war, wie viel Tränen geflossen sind –, habe ich verstanden, was Freiheitsentzug bedeutet. Wie Frauen geschluckt werden vom System, auch vom Patriarchat. Mein erster Kampf war gegen die eigene Kultur, ganz klar.

Andererseits hatte ich weltoffene Eltern. Mein Vater hat meine Talente immer erkannt, mich ins Wohnzimmer geholt, zu den Männerrunden dazugesetzt. Das war schon sehr ambivalent. »Düzen ist unsere Anwältin«, hat er gesagt. Auf Kurdisch: »Düzen e parêzkar.« Und: »Keiner kann so reden wie meine Tochter.«

Für mich war das ein Überlebensmechanismus. Ich musste zur Anwältin werden: für meine eigene Freiheit. Für mich war ja etwas anderes vorgesehen. Und ich kann mich erinnern in den jüngsten Kindheitstagen, dass ich argumentieren musste. Ich musste alle überzeugen, die Mehrheitsgesellschaft, die uns verkannt hat, die Berufsberaterin und meine Eltern. Den Onkel und die Tante. So habe ich soziale Intelligenz trainiert. Ich musste es ja schaffen, mehrere Welten miteinander zu befrieden und möglichst nicht so viel verbrannte Erde zu hinterlassen.

Ansonsten wäre ich bestimmt verheiratet und hätte fünf Kinder, was nichts Schlimmes ist, aber ich hätte ein fremdbestimmtes Leben gelebt, ein unglückliches Leben. Den emotionalen Druck darf man nicht unterschätzen. Den Druck, gefallen zu wollen. Ich komme aus einer kollektivistischen Kultur. Das »Wir« ist sehr viel wichtiger als das »Ich«.

Ich habe mit meinen Eltern über diesen Moment in der Küche gesprochen, ganz oft. Jetzt, im Nachhinein, ist der Teil, für den ich am meisten kämpfen musste, für den ich am meisten ausgegrenzt, für den ich am meisten angegriffen wurde, der Teil, auf den meine Eltern heute am stolzesten sind.

Mit dem »Nein« zur Heirat habe ich also auch meine Eltern verändert.

Meine Mutter hat mich damals dafür angegriffen, dass ich so einen starken Willen habe, so widerspenstig bin. Sie hat immer gesagt »wie ein ungezähmtes Pferd«. Aber danach war sie sehr stolz darauf.

Als es sich nicht mehr gegen sie gerichtet hat, sondern gegen die Welt.

»MIT MIR NICHT« (2)

Das zweite Mal sagte ich diesen Satz als Hostess auf einer Messe, der Cebit. Das Motto: »Die Welt zu Gast in Hannover«. Ja geil, habe ich gedacht und mir in meinem Kopf ausgemalt, wen ich alles kennenlernen, wie weit mich das in meinem Leben bringen würde. Die Rechnung hatte ich aber ohne den Wirt gemacht: Der steckte mich nämlich in die Küche.

Ich war damals eine junge Frau von 21 Jahren und sollte Würstchen und Soljanka zubereiten. Die Firma kam aus dem Osten. Alles war sehr hierarchisch, die Chefhostess hatte das Sagen. Wir mussten auch alle die gleichen Strumpfhosen tragen, da habe ich schon gedacht, mich will jemand erwürgen. Und dann hat sie gesagt: »Nee, du nicht, du gehst nicht nach vorne, du kümmerst dich um das Essen.«

Ich habe keine Ahnung, warum. Vielleicht entsprach ich nicht dem Schönheitsideal. Ich weiß es nicht. Ich fand mich auf jeden Fall toll. Die verkennen mich gerade, dachte ich, ich bin ja eine Frau von

Welt. Ich hatte mir meine Welt schon zurechtgeträumt, und dann steckten sie mich in die Küche.

Ich kann doch nicht Würstchen schnibbeln und die Spülmaschine ausräumen, ich will doch gut aussehen, dachte ich. Ich brauchte das Geld. Meine Cousine hatte den Job angenommen, meine Schwester auch. Und dann stand ich da, und plötzlich kam wieder diese leise Stimme: »Mit mir nicht.« Ich habe die Schürze abgenommen und gesagt: »Ich kündige.« Das ist die Kompromisslosigkeit. Das hieß dann aber natürlich auch, die Verantwortung dafür zu übernehmen, dass ich pleite war. Ich bin dann zu meiner Schwester, meiner Cousine, die auch an den Spülmaschinen eingeteilt waren. Wir sollten alle in die Küche. Meine Cousine guckte hoch, als ich ihr sagte: »Ich habe gekündigt.«

»Bist du verrückt?«, fragte sie. »Woher nimmst du den Mut?«

Vielleicht haben sie mich auch bemitleidet?

Ich weiß es nicht. Ich habe die anderen bemitleidet.

»MIT MIR NICHT« (3)

Als ich diesen Satz ein drittes Mal wiederholte, war ich eine sehr treue Mitarbeiterin der Mediengruppe RTL. Irgendwann stellte ich fest, nach Jahren, dass mir die Zeit davonläuft. Für mich als Frau, als Journalistin, als Redakteurin, wie ich Themen machen kann, die mir gerecht werden. Ich wollte immer viel, und obwohl mir die Redaktionsleitung bei allen Wünschen entgegenkam, fühlte ich mich begrenzt. Wieder begrenzt in meiner Freiheit.

Das letzte Personalgespräch verlief so: »Was willst du? Nein, also da brauchst du viel mehr Geduld, als dir klar ist …«

Und da war es wieder: »Mit mir nicht. MIT MIR NICHT.«

Am nächsten Tag habe ich gekündigt. Mit 32 Jahren. Als mein Chef fragte: »Warum?«, musste ich an einen Satz von Kafka denken: »Nur weg von hier.«

»Ich habe keine Zeit für euch«, antwortete ich. Weil mir bewusst wurde, dass meine Träume größer waren als der Raum, der mir zur Verfügung gestellt wurde.

Und wir haben eine Verantwortung unseren Träumen gegenüber.

2013 kündigte ich, ein Jahr später, 2014, geschah der Völkermord an den Jesiden im Irak. Über Nacht wurde ich zur Chronistin eines Völkermords, für den sich weltweit niemand interessierte. Das hat mein ganzes Leben verändert.

Ich war pleite, hatte kein Geld und keinen Job mehr, und dann kam dieses Trauma des Völkermordes. Und ich dachte: O mein Gott, keiner interessiert sich dafür. Es ging also nicht nur darum, dass ein Völkermord passiert, sondern dass dieser Völkermord nicht anerkannt, dass er nivelliert wurde. Wir werden verfolgt, seit es uns gibt. Wir sind nichts wert, in den Augen vieler. Es sind ja nur Jesiden. Vogelfrei zum Abschuss freigegeben in den Augen anderer.

Der Moment, als ich sagte: »Mit mir nicht«, war der Moment, in dem ich zur Chronistin, zu einer Zeitzeugin wurde. Ich habe dann nie wieder aufgehört. Mir ist seitdem scheißegal, ob das erfolgreich wird, was ich mache, oder nicht. Zu der Zeit war es sehr dunkel. Ich habe dann *stern TV* angerufen, und die haben wirklich gesagt: »Okay, wir finanzieren das.« Erst dann konnte ich mir überhaupt leisten zu berichten, sonst hätte ich das nicht stemmen können.

Ich bin also in den Irak gefahren, weil kein anderer gefahren ist. Und habe eigene Filme gemacht. Ich weiß noch, als ich die Frauen in Dohuk, Kurdistan, im August gesprochen habe. Danach kamen Anrufe von Frauen aus Falludscha, einer Stadt in der irakischen Provinz al-Anbar. Auch in ar-Raqqa hörte ich Frauenstimmen wimmern, die mich heimlich anriefen: »Wir sind in IS-Gefangenschaft.«

Am Anfang habe ich über die Frauen berichtet, die verschwunden sind. Ich habe keine einzige zu Gesicht bekommen. Doch dann passierte es: Nach ein paar Wochen kamen plötzlich die ersten Frauen aus IS-Gefangenschaft zurück. Drei Frauen. Ich werde nie vergessen, wie ich in ihre Gesichter geblickt habe. Ich habe auch Kindersoldaten gesehen, Väter gesprochen, die keine Kinder mehr hatten, Kinder, deren Eltern enthauptet wurden. Aber diese drei Frauen, die werde ich nie vergessen.

Das waren die vier wichtigsten Tage meines Lebens im August. Danach bin ich zusammengebrochen. Da habe ich mir geschworen: »Mit mir nicht.« Wir werden es nicht wieder über uns ergehen lassen.

Ich, für mich, für mein Leben, habe die Entscheidung getroffen, dass ich alles Menschenmögliche tun werde, um die Welt, aber mindestens Deutschland mit dem Gesehenen zu konfrontieren. Und ein Bewusstsein dafür zu schaffen, dass hier Menschenrechtsverbrechen, ein Völkermord begangen wurde.

Und daran arbeite ich bis heute. Wenn ich zum Beispiel jemanden wie George Clooney treffe, der mit einer Selbstverständlichkeit sagt, wir kümmern uns um den Völkermord an den Jesiden, dann kannst du dir vorstellen, was mir das bedeutet.

Ich kann nicht anders. Und meistens führt das zu einem Ergebnis. Ich mache immer weiter, egal, was passiert. Tatsächlich ist es meine Aufgabe zu stören. Zu konfrontieren. Der Tod auf Raten, der Stillstand, ist das, was mir Angst macht.

Und weißt du, was witzig ist? Mir wird jetzt erst bewusst, während ich mit dir rede, dass sich »Mit mir nicht« wirklich wie ein roter Faden durch mein Leben zieht. Weil es eine Erinnerung daran ist, die eigene Grenze, die eigene Komfortzone zu verlassen. Oder sich fremdbestimmen zu lassen.

Ich finde nichts so tödlich, wie unter seinen Möglichkeiten zu bleiben.

»OKAY, WIR GEHEN HEUTE
ABEND ZUM ENTENESSEN«

»OKAY, WIR GEHEN HEUTE ABEND ZUM ENTENESSEN«

LENA TEERSTEEGEN (37)
LEHRERIN,
BADEN-WÜRTTEMBERG

Als meine Mutter starb, war ich glücklich. Es muss 7:30 Uhr gewesen sein, durch die obersten drei Lamellen des Rollos schien die Sonne durch, das Bett hatte so eine bestimmte Wärme, bei der man denkt: »Ich drehe mich noch mal um.« Manchmal habe ich das Gefühl, dass sie in dem Moment, als ich aufwachte, gestorben ist.

Meine Mutter hat immer gebadet. Jeden Morgen. Die Badewanne war ein Ort, an dem sie sich wohlfühlte. Ihre Kleidung, die sie nach dem Baden anziehen wollte, hat sie jedes Mal auf der Treppe gerichtet. Da lag jetzt ihr Pullover aus orangem Nickistoff, eine Jeans, Unterwäsche. Zwei Wochen lang lag die Kleidung so auf der Treppe. Mitten im Weg, keiner hat gewagt, sie wegzuräumen. Wir sind darübergestiegen. Ein heiliger Gral.

Im November ist es vier Jahre her, dass ich einen Anruf von unserem Festnetz bekam. 17. November 2019, ich habe den Anruf weggedrückt, weil ich dachte, mein Stiefvater hat sich vielleicht ausgesperrt oder findet die Katze nicht. Im Nachhinein macht das alles keinen Sinn, wenn sich jemand aussperrt, bin ich über zwei Stunden entfernt und kann nicht helfen.

Er hatte angerufen, ich habe dann noch mal versucht zu schlafen. Ich melde mich später, habe ich gedacht. Dann habe ich noch eine Serie auf Netflix weitergeschaut. Ich habe mich mit allen möglichen Nebensächlichkeiten beschäftigt. Als sich mein Stiefvater über WhatsApp meldete, was er nie benutzte, wusste ich, dass etwas passiert war.

»Die Mama ist tot, die Mama ist tot.« Ich hörte nur noch seine Stimme, wie er es wiederholte.

Ich habe mich sofort schuldig gefühlt, es war 9:30 Uhr – und ich hatte zwei Stunden damit verbracht, glücklich zu sein. Zu schlafen, irgendeinen Mist anzuschauen, während meine Mutter einen Herzinfarkt in der Badewanne hatte.

Wir standen uns immer sehr nahe. Doch in den Wochen vor ihrem Tod wurde es von ihrer Seite noch näher. Ich weiß noch, wie ich meiner besten Freundin sagte, meine Mutter, die erdrückt mich grade irgendwie, sie will am Tag mindestens zwei Mal mit mir telefonieren. Wir hatten jeden Tag Kontakt, haben uns abends gute Nacht gesagt.

Ich war damals gerade frisch verliebt und habe meiner Mutter geschrieben, dass ich sie morgen anrufen würde.

Daraufhin hat sie diesen letzten Satz, den ich von ihr habe, geschrieben: »Okay, wir gehen heute Abend zum Entenessen.«

Das ist das Letzte, was ich jemals von meiner Mutter gehört habe.

Diesen Satz fand ich lange Zeit einfach ziemlich blöd. »Okay, wir gehen heute Abend zum Entenessen.« Zum einen, weil er gar nicht zu meiner Mutter passt. Meine Mutter hat ganz wenig Fleisch gegessen. Aber es gab dieses eine Treffen mit vielen Freunden, einmal im Jahr auf einem kleinen Bauernhof. Daraus resultiert dieser Satz.

Ich habe mir lange Zeit einen anderen Satz gewünscht, einen, an den ich mich vielleicht anlehnen kann, der versöhnlich ist für mich. Man stellt sich oft vor, dass man sich am Schluss noch irgendetwas sagt, das man auf dem Herzen hat, was beruhigend ist oder liebevoll.

Das Thema Schuld hat mich lange beschäftigt. Dieser Satz war so prägend, dass ich nach zweieinhalb Jahren selbst in dieses Restaurant gegangen bin.

Ich habe gelernt, dass man sich im Nachhinein immer viel mehr Möglichkeiten einräumt. Es war ein Prozess zu erkennen, dass man denkt, man hätte viel mehr Handlungsspielraum gehabt. Man hätte damals alles besser machen können. Ich hatte lange auch die Idee, dass ich sie hätte retten können, hätte ich ihr geantwortet.

Für mich war schlimm, dass ich auf den Satz nicht geantwortet habe. Ich habe ihn einfach so stehen lassen, gespürt, dass sie gekränkt war.

Lange habe ich damit gehadert, ob ich in das Restaurant gehen sollte: Kann ich sie in der Rückschau dann noch retten? Ich weiß gar nicht, warum dieser Rettungsgedanke immer kommt.

Die Wirtschaft liegt im Hinterland des Bodensees. Es war Januar, keine Straßenlaternen, dann tauchte dieser alte Bauernhof auf, beleuchtet. Ich bin mit den Freunden meiner Mutter dorthin, mit denen sie an diesem Abend dort war.

Die Freundin, die neben ihr saß, sagte, meine Mutter hätte sie nach Symptomen von einem Schlaganfall oder Herzinfarkt gefragt. Das habe natürlich keiner ernst genommen.

Als ich in diesem Restaurant saß, gesehen habe, an welchem Tisch sie saßen, habe ich mir den Abend vorgestellt. Vielleicht auch eine Art Schuldumverteilung versucht. Dieses Bauernhaus, im Dunkeln beleuchtet. Darin diese Menschen, die alle in diesem Raum weiterleben, weiterlachen. Diese Kellner, bei denen ich mich innerlich gefragt habe: Können sie sich noch an sie erinnern?

Meine Mutter hat die Badewanne geliebt, und sie ist auch darin gestorben. Lange konnte ich nicht baden gehen, aber das geht inzwischen wieder. Aber Ente essen möchte ich nicht mehr.

Als ihr Handyvertrag gekündigt wurde, verschwand auch ihr WhatsApp-Bild aus meiner Anzeige. Da steht jetzt immer noch »Mama«, aber das Bild ist leer. Ich habe diese letzte Nachricht von ihr auch so stehen lassen. Ich hatte einmal den Moment, da habe ich etwas für sie eingetippt. Das war vielleicht so zweieinhalb Jahre nach ihrem Tod. Da ging es mir sehr schlecht.

Ich habe es in dem Textfeld stehen lassen: dass ich meine Mutter brauche, sie soll mich trösten, beruhigen, auffangen.

Hätte ich meinen Satz abgeschickt, hätte ich die Geschichte verfälscht, weil sie dort endet, mit dem Satz meiner Mutter. Vielleicht wäre auch die Angst davor zu groß, es auszuhalten, dass nichts mehr zurückkommt.

»JETZT MACH MAL NORMAL«

»JETZT MACH MAL NORMAL«

DAVID ROTT (46)
SCHAUSPIELER,
BARUPHOLZ

Meine Mutter saß neben dem Krankenbett, mit dem sie mich aus der Intensivstation in dieses Zimmer geschoben hatten. Sie saß dort schon eine ganze Weile, aber ich hatte gewartet mit dem Aufwachen. Mein Herz schlug, während ich ihren Mutterblick auf mir spürte. Ich war mir nicht sicher, wie das war, wenn man nach einer starken Bewusstlosigkeit wieder aufwachte.

Alles hatte in der ersten großen Pause begonnen. Ein Spiel, mit älteren Schülern aus der neunten Klasse. Meine Freunde und ich, wir hatten uns geweigert, hinaus auf den Pausenhof zu gehen. Die älteren waren von den Lehrern damit beauftragt, uns hinauszuschicken. Als sie dann zu zweit versuchten, mich hinauszutragen, geschah es. Ich saß auf einem Tisch. Einer der beiden packte mich an den Füßen und zog mit einem kräftigen Ruck daran, während der andere noch dabei war, mich unter den Armen zu greifen. Zwei Geräusche hatte es gegeben, als mein Hinterkopf erst auf die Kante des Eichentisches und dann auf die rostroten Kacheln der großen Halle aufschlug.

Mehr aber als der kurze Schmerz durchfuhr mich ein Gefühl von Kränkung und Ungerechtigkeit. In diesem Augenblick beschloss ich, in einer Ohnmacht zu verschwinden, wie unter einer Decke.

Man brachte mich ins Sekretariat im ersten Stock. Auf eine Liege gebettet hörte ich die immer besorgter werdende Stimme der Schulleiterin, die mich mochte, das wusste ich. Ich hörte, wie sie mit dem Krankenhaus telefonierte: Ja, der Junge sei nun schon über zehn Minuten nicht mehr bei Bewusstsein. Nein, atmen täte er. Ja, schnell bitte.

Mit einer Trage trugen sie mich dann durch die frische Luft hinaus aus meiner Welt, die als ein gewöhnlicher Tag begonnen hatte und sich nun unverhofft zu einer Sensation, einem nie gekannten Abenteuer auftürmte.

Als ich im Krankenhaus mit anhörte, dass ich sofort auf die Intensivstation gebracht werden sollte, war es zu spät. Ich hatte den Moment verpasst, auszusteigen, abzusteigen von diesem Tier, das jetzt, mit mir auf dem Rücken, unaufhaltsam auf einen Abgrund zuraste, über die Kante hinweg in den freien Fall. Gleich würden wir aufschlagen, gleich würde mein Betrug aufgedeckt und als Schmierentheater enttarnt werden. Als ein Wichtigtuer würde ich hinausgeschickt werden. Wo sollte ich denn jetzt hin? Es gab kein Zurück mehr.

Wie ein gleißend heller Albtraum waren diese Augenblicke der Gewissheit. Sie mussten es ja merken, dass ich simulierte, dies war schließlich die Intensivstation.

Mein T-Shirt wurde aufgeschnitten, ich fühlte den kühlen Stahl der Schere vom Bauch hinauf zur Brust gleiten. Kabel wurden mit Aufklebern an mir befestigt, etwas klemmte an meinem Finger.

Plötzlich wurden mir die Augenlider auseinandergezogen. Zwei Gesichter mit lindgrünen Masken beugten sich über mich, und ich wurde von einer schmalen Taschenlampe geblendet. Das war das Ende. Das musste das Ende sein, sie hatten mich erkannt.

»Auge dreht weg.« Etwas klopfte mir unter die Kniescheibe. »Reflexe unauffällig.«

Ich verbiss mich fest in meiner Ohnmacht, tauchte immer tiefer in mich hinein, weg von der gefährlichen Oberfläche meiner Lider, die jederzeit drohten, aufgerissen zu werden. Aus der Maske, fest auf mein Gesicht geklemmt, strömte kühle Luft. Versteckt in den Hinterzimmern meines Innern beobachtete ich kauernd, was mit mir geschah. Wenn sie mich nun aufschneiden würden, um in meinen Kopf hineinzuschauen? Was hatte ich nur gemacht? Ich war doch nur falsch abgebogen. Es gelang mir, meinen Atem zu einer gleichmäßigen, schlafähnlichen Lüge zu bändigen.

Dann rumpelte es, und das Bett bewegte sich. Lichter wischten über die Innenseiten meiner Lider. Die Luft, essigsauer und steril, wehte an mir entlang. Sie schoben mich in einen Raum, von dem ich nicht wusste, wie er aussieht und was mich dort erwarten würde.

Dann entfernten sich die geschäftig raschelnden Stoffbewegungen und ließen mich mit den Kabeln und Schläuchen und dem Piepsen links von mir allein.

Irgendwann kam meine Mutter. Ich hörte ihre Stimme, wie sie auf dem Gang mit der Schwester sprach, leise und distanziert. Wenn meine Mutter mit fremden Menschen sprach, hatte sie eine fremde Stimme. Wenn sie mit einer ihrer Freundinnen telefonierte und dabei ununterbrochen mit einem Kugelschreiber auf Papier malte, während sich die Telefonschnur zu ihr hin ringelte, hatte sie eine junge Stimme, die oft hell und gellend lachte. Nur wenn sie mit mir sprach, war ihre Stimme nahe und weich und unmittelbar. Meistens zumindest. Es gab so viele Farben und Töne in der Sprache meiner Mutter. Mich überkam ein schlechtes Gewissen, dass sie den weiten Weg von zu Hause hierher in mein Krankenzimmer hatte machen müssen. Der Gedanke, dass sie sich wahrscheinlich Sorgen machte, kam mir erst jetzt. Das hatte ich nicht gewollt.

Die Augenblicke hatten sich, von dem Moment an, als mein Hinterkopf auf die roten Fußbodenkacheln geknallt war, unaufhaltsam als Perlen auf eine Kette gereiht, die sich dann wie eine Würgeschlange um mich wand, und aus der ich nun herausragte mit meiner Maske und den Kabeln.

Ich atmete noch einmal durch, probierte kleine Schmatzlaute, ehe ich langsam zu mir kam und die Augen öffnete. Meine Mutter saß auf einem Stuhl neben dem Bett und sah mich an, ihre Jacke lag über ihrem Schoß. Sie strich mir zart die Haare aus der Stirn und war trotz der körperlichen Nähe sternenweit von mir entfernt, unerreichbar hinter der Mauer, die mein Geheimnis um mich schloss.

Niemals würde ich ihr die Wahrheit erzählen können. Ihr nicht und niemandem sonst. Während ich noch überlegte, welche Worte bei einem solchen Erwachen wohl passend wären, und vor allem, wie ich sie aus mir herauskommen lassen sollte, sagte meine Mutter zu mir: »Jetzt mach mal normal.«

Sie schien durch mein Augeninneres in mich hineinzusehen, bis hinab auf meine kleine, schäbige Angeberseele, die zur Dramatik neigte und sich zu wenig geliebt fühlte. »Jetzt mach mal normal.« Dieser einfache, seltsame Satz war im Begriff, mir meine Tarnung, die nicht einmal die Ärzte durchschaut hatten, samt Kabeln und Piepsmaschine zu entreißen. Ich verdrehte die Augen ins Weiß und fiel augenblicklich wieder zurück in die weiche Watte einer erneuten Bewusstlosigkeit. Flieh oder stirb – ich hatte keine Wahl.

Erbsensuppe mit Wurststücken, braun in braun, das Essen war schrecklich. Eine schwere Gehirnerschütterung hatten die Ärzte bei mir festgestellt. Zwei Wochen im Krankenhaus und anschließend zwei Wochen zu Hause. Kein Lesen, kein Fernsehen, keine Beanspruchung meines in Mitleidenschaft gezogenen Gehirns. Die Strafe für meine Schauspielerei.

Folgerichtig und gerecht, aber monströs übertrieben und schwer zu ertragen für einen Zwölfjährigen, dessen ganzes Leben sich in der Schule abspielt.

Ich schämte mich, als ich Besuch von dem Jungen bekam, der mich hätte halten sollen und den man als Schuldigen meines Leids ausgemacht hatte. Die Mutter einer Klassenkameradin schrieb mir einen aufgedonnerten Brief voller Anteilnahme und Gefühl, der in der Aufforderung endete, »sie, bitte sehr, nie wieder so zu erschrecken«. Wenn sie gewusst hätte, was für einem Scharlatan sie schrieb.

Nach den sich schier endlos in die Länge ziehenden Wochen im Krankenhausbett war ich froh, endlich nach Hause zu kommen. Auch wenn ich nichts mit mir anzufangen wusste und mehr als einmal kurz davor war, mein Geheimnis preiszugeben, so konnte ich mich wenigstens bewegen und im Garten mit meinem Bogen schießen, bis meine Pfeile sich in den Gebüschen der angrenzenden Kuhkoppeln nicht wiederfinden ließen. Morgens machte meine Mutter den Haushalt, und ich genoss es, sie für mich zu haben, ohne das störende Beisein der kleinen Schwestern, Gespräche mit ihr zu führen, so als wäre ich schon erwachsen.

Im Sommer hatte ich einige Wochen mit der Familie meiner Tante auf einer dänischen Insel im Urlaub verbracht. Dort erfuhr ich, dass mein Onkel nicht der leibliche Vater meines Cousins und meiner Cousine war. Das war fremd und aufregend. Scheidung und Väter, die nicht die wirklichen Väter ihrer Kinder waren, gab es in meiner Welt nicht. Auch wenn sich die Eltern gelegentlich stritten, so hatte ich nie in Erwägung gezogen, dass sie sich trennen könnten. Wir lebten in einem kleinen Dorf zwischen den Feldern, nicht weit vom Meer. Vater, Mutter, Kind. Die Eltern waren die Eltern, die Kinder die Kinder. Hund und Katze, Hühner hatten wir auch.

Bald war die Zeit meiner angeblichen Genesung vorüber, und ich würde wieder zur Schule gehen. Wir waren im Schlafzimmer meiner Eltern, meine Mutter machte die Betten, als mir diese Neuigkeit wieder einfiel. Ich hatte sie zwischenzeitlich schlicht vergessen: »Mama, wusstest du, dass …« Ich erzählte ihr all das Neue und aufregend Befremdliche. Sie sagte nichts, bis ich fragte: »Aber Papa ist doch mein richtiger Vater, oder?« Meine Mutter ließ das Laken sinken. Langsam setzte sie sich auf den Bettrand und sah mich an. »Komm mal her«, sagte sie. Dieser Satz sollte mich erst 20 Jahre später mit seiner ganzen Wucht erreichen. So lange dauerte es, bis ich verstand, was in diesem Moment geschah. *Komm mal her.* Durch das offene Fenster muhten die Kühe. »Nein, Papa ist nicht dein Vater, aber er hat dich trotzdem lieb.«

Meine Welt verlor ihren Halt. Ich verstand nicht, was sie sagte. Was sollte das heißen, nicht mein Vater? Wenn nicht der Vater, was denn dann? War das Haus dann noch ein Haus, das Bett ein Bett, der Tisch ein Tisch? Was war dann noch von Bestand?

Es flog mir alles ins All. Meine Mutter strich mir über den Rücken. Draußen blökten die Kühe, als wäre nichts passiert, als hätte sie das gar nicht gesagt. Ich saß auf der Bettkante neben ihr und wusste nicht, was ich tun sollte. Vielleicht ein bisschen weinen. Ich versuchte es, aber es gelang mir nicht. Und die Schwestern? Warum nur ich? Warum hatten sie mir nichts gesagt? Da war es wieder, dieses Gefühl von Kränkung und Ungerechtigkeit. Kurz überlegte ich, ohnmächtig zu werden, man würde mir glauben. Flieh oder stirb.

»Jetzt mach mal normal«, hätte ich gern zu ihr gesagt.

»DU BIST JETZT EIN 30000-MARK-MANN«

»DU BIST JETZT EIN 30 000-MARK-MANN«

JEAN-REMY VON MATT (71)
WERBETEXTER,
MITBEGRÜNDER DER WERBE-
AGENTUR JUNG VON MATT,
KONZEPTKÜNSTLER,
BERLIN

Die Agentur hieß BMZ: Baum, Mang und Zimmermann. Das war eine Zeit, da hat man sich noch gesiezt in einer Werbeagentur. Ich habe jeden gesiezt, ich wurde gesiezt, und auch die drei Inhaber, die drei Gründer, haben sich gesiezt. Es gab kein Du.

Ich war 22, in Düsseldorf und zum ersten Mal im Ausland.

Als Wirtschaftsflüchtling nach Deutschland gekommen, weil ich mitten in der Ölkrise einen Job in der Werbung suchte und in der Schweiz keinen fand. Also habe ich mich auch im gesamten deutschsprachigen Raum beworben und schließlich in Düsseldorf den Job bekommen.

1700 Mark Gehalt waren es, netto 1200. Nicht viel. Nach einem Jahr wollte ich ein anständiges Gehalt haben: 2500 Mark brutto. Das fand ich angemessen. Ich hatte mich mit den Kollegen verständigt und gemerkt: Wenn man einen guten Job macht, ist man 2500 Mark im Monat wert. Da bin ich zu den dreien hin, jene, die sich gesiezt haben, und habe das vorgetragen. Sie wollten eine Woche darüber nachdenken. Dann wurde ich wieder hereingerufen. Wieder die drei in dem Raum und ich vor ihnen. Einer sagte dann feierlich: »Herr von Matt, wir wollen Ihnen diese 2500 Mark pro Monat geben. Aber bitte denken Sie dran, Sie sind für uns dann ein 30 000-Mark-Mann.«

Erst habe ich gar nicht begriffen, was er meinte – ein 30 000-Mark-Mann. Doch dieser Satz hat mich erwischt, ein K.-o.-Schlag in mein kreatives Herz. Ich bin aus dem Raum hinausgetaumelt, wie mit Bleiplatten belegt, und habe mir den ganzen Tag gesagt: »Du bist jetzt ein 30 000-Mark-Mann.«

Sie haben das dann noch ein bisschen ausgeführt: »Wir erwarten von Ihnen, dass Sie jetzt auch einen gewissen Ernst zeigen.« Von dem Tag an hat sich alles verändert. Da war ich ein 30 000-Mark-Mann und habe mir überlegt: O Gott, jetzt musst du dich benehmen, du darfst keinen Quatsch mehr machen. Der Anfang vom Untergang meiner Kreativität.

In der Folge wurde ich immer schlechter, keine 2500 Mark mehr wert, nicht mal mehr 1700. Dennoch ging meine Karriere weiter, und ich wurde irgendwann ein 40 000-Mark-Mann, dann ein 50 000-Mark-Mann. Und irgendwann war ich dann ein 100 000-Euro-Mann. Das heißt, der Druck wurde größer, und die Leichtigkeit verflog immer mehr.

Ich habe sie erst spät wiedergewonnen: Denn jetzt, in Rente, bin ich nicht mehr systemrelevant, ein 0-Euro-Mann. Das heißt, der Ernst des Sinnmachens in meinem kreativen Schaffen hat sich in Luft aufgelöst. Ich bin überzeugt, gute Kreativität hat mit Verschwendung zu tun. Wenn man nicht auf die Zeit achten muss. Ich habe keine Deadlines mehr.

In der Kreativindustrie gibt es einen einfachen Hebel, der kreative Exzellenz gefährdet: Wer zahlt, befiehlt. Je höher der Preis, desto mehr Druck ist im Spiel. Druck auf die Gelassenheit der Gedanken. Das Wichtigste über Werbetexte habe ich von Goethe gelernt: ein großes Wort gelassen aussprechen.

Der Nackengriff des Ernstes hat uns Kreative immer schlechter gemacht. Bei jedem großen Auftrag schwebte er über uns und mahnte: Seid so kreativ, wie es absolute Verlässlichkeit zulässt.

Damals waren 30 000 Mark brutto sehr viel Geld für mich. Im Leben eines jungen Menschen, Anfang 20, spielte ein Auto eine wichtige Rolle. Ein Festnetzanschluss und ein Auto waren die Möglichkeiten, mit der Welt in Kontakt zu treten. Das kann man sich heute überhaupt nicht mehr vorstellen.

Das Auto, das ich mir von meinem ersten Geld als 30 000-Mark-Mann kaufte, war ein Porsche 911 T. Von einem Apotheker in Erkelenz. Für 6000 Mark in Beige. Beige fand ich aber langweilig, wenn schon, denn schon!

Ich habe dann herumgefragt, wo man günstig ein Auto himmelblau oder NATO-olive lackieren könne, und aus der Agentur sagte einer: »Ich kenne in Hückelhoven, bei Heinsberg an der holländischen Grenze, eine Werkstatt, die macht das für 1400 Mark.« Also fuhr ich nach Hückelhoven. Nach zwei Wochen riefen sie mich an: »Das Auto ist fertig.« In der Werkstatt traf mich dann der Schlag: Auf der Fahrerseite zog sich von vorne bis hinten ein schwarzer Streifen.

»Was ist denn das?«

»Das ist ein Rallye-Streifen.«

»Das wollte ich aber nicht.«

Dann sagten die: »Aber das sieht doch besser aus. Also, wir finden alle, das sieht besser aus.« Und alle nickten in der Werkstatt.

Ich sagte: »Ich finde das aber nicht. Der muss weg. Bitte alles himmelblau«, dann bin ich wieder zurückgefahren. Mit dem Bus.

Zwei Wochen später war das Ergebnis noch schlimmer: Es sei »ein bisschen blöd gelaufen«, erklärten sie, weil dieser Rallye-Streifen eine Art Rostschutzfarbe gewesen wäre, und an der Stelle wäre das Hellblau jetzt ein bisschen grünlich geworden. Ich fuhr mit dem Auto davon. An diesem Tag lernte ich, dass Kreativität eine leicht verderbliche Ware ist, man sehr präzise sein muss, dass es auch auf Feinheiten ankommt und diese Feinheiten in Hückelhoven anders bewertet werden.

Zeit meines Berufslebens ging es immer um diese Feinheiten, um Formulierungen und starke Sätze. Slogans oder eine Headline, die den Nerv trafen, waren meine Spezialdisziplin. Die Frage nach meiner besten Idee habe ich immer abgelehnt, weil ich immer hoffe, die nächste wird hoffentlich die beste sein. Aber es gab immer wieder Sätze, die Redensart wurden, wie zum Beispiel »Mein Haus, mein Auto, mein Boot«.

Doch zurück zu dem 30 000-Mark-Satz: Das letzte Mal habe ich diese Summe für einen Flügel ausgegeben. Einen Steinway C von 1896. Mein Mondscheinsonaten-Flügel. Ich kaufte ihn einem Klavierlehrer in Karlsruhe-Süd ab.

Ein Objekt, das mir mehr wert ist als alles andere, was ich je besessen habe. Denn meine Großeltern in Belgien hatten einen Konzertflügel, der mich schon als Kind fasziniert hat. Bei der Erbteilung ging es am Ende noch um diesen Flügel und eine Tischtennisplatte. Letztere ging leider an uns, und seither wünsche ich mir einen Flügel.

Erst hatte ich kein Geld, einen zu kaufen, dann hatte ich Geld, aber keinen Platz. Und irgendwann hatte ich Platz und Geld und ging zu meiner Frau, die sagte: »Einen Flügel kaufen, aber nicht spielen können, das ist geschmacklos. Das machen wir nicht.«

»Wenn ich ein Stück perfekt spielen kann, kriege ich dann den Flügel?«, habe ich gefragt. So kam das mit der *Mondscheinsonate*: Ich kann nur dieses einzige Stück. Einmal am Tag spiele ich es meiner Frau vor, die mir jedes Mal eine Schulnote dafür gibt. Ist sie nicht da, spiele ich für mich allein. Gestern habe ich mir eine Eins minus gegeben, die erste, seit ich das Stück spiele!

»LIEBER EINEN SOHN
AM ANDEREN ENDE
DER WELT ALS EINEN
AUF DEM FRIEDHOF«

»LIEBER EINEN SOHN AM ANDEREN ENDE DER WELT ALS EINEN AUF DEM FRIEDHOF«

JOHN ALEXANDER
CARDONA RODRÍGUEZ (41)
FAHRRADMECHANIKER,
KOLUMBIEN

Der kolumbianische Stadtteil, in dem ich aufwuchs, trägt den Spitznamen *Villa Machete* – das Machetendorf. Die Leute haben alle ihre Probleme mit der Machete gelöst. Auch mein Großvater war jemand, der das so gemacht hat. Er war immer bewaffnet. Hatte er Probleme oder Streit, hat er gleich die Machete aus ihrem Halter genommen, auf die Steine geschlagen. Die Machete meines Großvaters hat Funken über den Boden gezogen.

Ich war noch sehr klein, als ich ihm zusah, wie er seinen Revolver ölte. Er erklärte, ich sollte mich daneben setzen, damit ich lernen kann, wie man einen Revolver auseinander- und wieder zusammenbaut. Das hat er mir mit sieben Jahren beigebracht. Dann sagte er: »Das ist dein Erbe, wenn ich sterbe, wirst du das hier bekommen: die Machete und den Revolver. Mehr habe ich nicht, damit du das Haus schützen kannst.«

Nach seinem Tod lag die Machete immer unter der Matratze meines Betts. Als ich Kolumbien verließ, habe ich sie dort gelassen.

Eine Waffe, die bei uns häufig benutzt wird: ursprünglich aus der Landwirtschaft, ein sehr wichtiges Werkzeug für Bauern, für Kokosnüsse und *caña de azúcar*, Zuckerrohr. Doch in meinem Viertel wurde mit den Macheten auf der Straße gekämpft, es war sehr brutal. Als Kind habe ich gesehen, wie ein Mann einen anderen ermordet hat, da war ich gerade zwölf. Ein anderes Mal überfiel eine Bande Räuber die Bank auf der anderen Seite unseres Hauses. Die Polizei hat auf sie gewartet, es gab eine Schießerei und jede Menge Leichen vor unserer Tür.

Wir lebten damals in einem kleinen Haus in Cali, südwestlich von Bogotá, das meinem Großvater gehörte. Meine Mutter und ich, zusammen mit meiner Großmutter und meiner Tante. Meine Eltern hatten sich getrennt, als ich drei war. Das Viertel, in dem ich groß wurde, ist nach Simón Bolívar benannt, *El Libertador*, der Befreier von Kolumbien. Ein schwieriger Stadtteil namens: Bolivariano. Simón Bolívar war für uns Kinder eine Mischung aus Sklave und Spanier, der für das Volk kämpfte und gegen die spanische Krone.

Für die Unabhängigkeit Kolumbiens, Panamas, Ecuadors und Venezuelas. Dort ist das Geld, die Währung *Bolívar*, nach ihm benannt. Ein Che Guevara der damaligen Zeit, als Kolumbien, Venezuela und Ecuador noch zusammengehörten. Deswegen tragen diese Länder auch die gleiche Flagge, *La Gran Colombia*. Es gab auch schöne Zeiten, bei den *verbenas*, den Straßenfesten in meinem Viertel. Livemusik, Salsa-Bands, die Nachbarn haben draußen auf der Straße getanzt. Zu fast allen habe ich den Kontakt verloren. Von meinen alten Bekanntschaften leben nur noch zwei in Kolumbien. Einige sind ins Ausland geflohen, die anderen sind tot.

Ich bin Einzelkind. In meiner Kindheit gab es eine Sendung im Fernsehen: auf Französisch. Am Wochenende habe ich mir diese Sendung angeguckt, es war wie Französischunterricht für mich. Sie zeigten dort Aufnahmen aus Frankreich, die ganze europäische Welt. An diesen Wochenenden wuchs in mir der Gedanke: Irgendwann werde ich dahin gehen. Die USA wären nicht weit weg von Kolumbien gewesen, doch ich war fasziniert von Europa. Nur musste ich das meiner Familie erklären.

Ich kann mich noch genau erinnern, ich war 17, ein typisches Abendessen: gebratener Reis mit Ei, frittierte *platanos*, ein Viertel Glas Wasser mit grünem Lulo-Saft. Eine bittere Frucht, die kalt gepresst gegen die Hitze hilft. Meine Mutter trug ein T-Shirt ohne Ärmel, Shorts und hatte damals noch nicht so viele graue Haare wie ich heute.

Ich habe sie dann gefragt: »Was hältst du von der Idee, dass ich nach Europa fliege?«

Sie blickte mich lange an. »Lieber einen Sohn am anderen Ende der Welt als einen auf dem Friedhof«, sagte sie dann.

Der Satz, den ich nie vergessen werde.

Ich war ihr einziges Kind, doch so, wie die Lage in Kolumbien aussah, wusste sie, dass es nicht viele Möglichkeiten gab für mich: Es war schwer, einen Job zu finden, und wegen der falschen *amigos*, der Freunde, die ich hatte. Meine Mutter hatte kein Vertrauen: »Wenn du mit solchen Leuten unterwegs bist, dann wirst du auch so«, hat sie gesagt. Sie wollte, dass ich gehe.

Im Dezember 2000 bin ich dann nach Spanien geflogen, nach Madrid, weil ich die Sprache konnte. Wenig Gepäck, eine Jeans und eine Armbanduhr von Casio. Ein Geschenk meiner Mutter. Sie hatte sie mir extra gekauft und kurz vor meiner Abreise gegeben: »Hier, damit du nicht zu spät zur Arbeit kommst, wenn du Arbeit gefunden hast«, hat sie gesagt. Ich habe diese Uhr noch immer, eine analoge Armbanduhr, schwarzgrau. In Deutschland habe ich gelernt, pünktlich zu sein. Sonst wäre ich nicht weit gekommen.

Die Zeit in Spanien war schwer: Ich reiste durch Alicante, A Coruña, Valencia, auf der Suche nach Jobs, alles mit 18. Ich hatte kein Geld. Das Essen holte ich mir bei der Caritas oder bei den Kirchen, da gab es heißes Essen, umsonst. Manchmal schlief ich auch dort, wenn ich kein Geld für ein Zimmer hatte.

Dreimal die Woche telefonierte ich mit meiner Mutter. Aus der Telefonzelle heraus. Für eine Minute habe ich 1,10 Euro gezahlt.

Zu der Zeit arbeitete ich für einen Bauunternehmer, in einer großen Gruppe aus Ecuadorianern, Peruanern und Kolumbianern. Am Zahltag war der Typ plötzlich verschwunden. 60 oder 80 Euro waren für mich sehr viel Geld.

Ich war illegal. Das bedeutete: Man konnte mich verarschen, und ich konnte nichts dagegen machen. Ich konnte die nicht verklagen, gar nichts, konnte nur meine Hände benutzen.

Wir haben dann gemeinsam sein Büro gestürmt, Likör getrunken, getanzt und überlegt, die Computer mitzunehmen. Die ganze Nacht haben wir gefeiert. Am nächsten Tag standen Journalisten von *Telemadrid* mit Kameras vor dem Büro und fragten uns, warum wir rebellierten. Und dann war ich auf einmal im Fernsehen. Eine Bekannte meiner Mama hat mich gesehen. Sie hat sofort zum Telefon gegriffen und meine Mutter angerufen.

»Gloria, John, er ist berühmt. Er ist hier in *Telemadrid* aufgetaucht. Dein Sohn hat es geschafft!«

Meine Mutter hat herzlich gelacht.

Ich hatte einen Freund aus meinem Viertel, der in Hamburg lebte. Ich rief ihn an und bat ihn, mir 30 Euro zu schicken. Ich hatte das Geld damals nicht. Es ist schwierig, Geld klarzumachen, wenn man auf der Straße ist. Ein Mann hatte mir angeboten, mir eine spanische Sozialversicherungsnummer zu verkaufen. Damit hätte ich arbeiten, einen vernünftigen Job haben können. Viele Menschen trauen sich nicht, Arbeiter ohne Papiere einzustellen.

Mein Freund sagte: »Ich würde dir das Geld schicken, aber noch lieber wäre es mir, wenn du davon ein Busticket zu mir nach Hamburg bezahlen würdest.« Ich hatte nichts zu verlieren. Probierst du dein Glück, habe ich gedacht. Ich musste mit dem Bus fahren, beim Fliegen hätte ich einen Ausweis vorzeigen müssen.

22 Stunden braucht man mit dem Bus. Ich habe noch nicht mal die Hälfte davon geschafft. In Frankreich hat mich die Grenzpolizei kontrolliert und wieder abgeschoben, zum Glück nur nach Spanien, nicht nach Kolumbien. Die spanische Polizei hat mich entgegengenommen und in den Knast gesteckt.

Drei Tage. Ein alter Polizist ließ mich schließlich laufen: »So, jetzt bist du frei, jetzt geh zurück in dein Land«, sagt er. »Aber zuerst gehst du arbeiten, dann kannst du dir dein Rückfahrticket selbst kaufen.«

Ich war auf der Straße, kein Geld, mit einem großen Koffer, es war kalt. Ich habe immer nach den Kirchen gesucht. In einer Kirche in einer Stadt namens Irun im Baskenland habe ich versucht, mich mit dem *padre* zu unterhalten, habe ihm meine Situation erklärt. Ich musste für das Trampen meinen großen Koffer loswerden und habe ihn nach einer kleineren Tasche gefragt.

Er gab mir eine *bolso*, eine Ledertasche. Ich habe sie immer noch in meinem Schrank liegen. Ich werde sie nie wegschmeißen, sie aber auch nicht ständig in die Hand nehmen. Die Tasche ist einfach da. Der *padre* gab mir auch noch ungefähr fünf Euro. Damit konnte ich mir ein *bocadillo* kaufen, ein spanisches Brot mit *queso y jamón*.

An dem Abend, als mich die französische Polizei zurück nach Spanien schickte, hatte ich beobachtet, dass die Polizei die vorbeifahrenden Lkws nicht kontrollierte. Die sind einfach weitergefahren. Sie haben damals nur die Busse und die privaten Autos kontrolliert. Doch die vorbeirauschenden Lkws waren zu viele. Das ist meine Chance, habe ich gedacht.

Hunderte Kilometer weiter, nahe dem Jakobsweg, schlief ich im strömenden Regen unter einer Brücke. Es war schon Dezember. Ich hatte nicht viele Klamotten. Meine Jacke war sehr dünn und auch noch nass.

An der Autobahn habe ich aus einer Raststätte den Geruch von Schweinekruste wahrgenommen. Ich bin dort hin und habe den Fahrer gefragt, ob er nach Deutschland fahren würde. Juan, ein Lkw-Fahrer aus Galizien. Zwischendurch habe ich immer wieder auf seine Fritteuse geblickt, während wir uns unterhielten.

»Seit wann isst du nicht?«, fragte er mich.

Da war ich schon zwei Tage ohne Essen.

»Setz dich doch«, meinte er. Und hat mir ein Brot mit Schweinekruste in die Hand gedrückt. »Bist du legal, hast du Papiere?«, fragte er weiter.

»Ehrlich gesagt nicht, deswegen mache ich Autostopp«, habe ich geantwortet.

»Es ist natürlich ein Risiko für mich, aber *chico*, du wirst heute Abend die beste Reise deines Lebens haben«, sagte Frank. Als ich einstieg, holte er eine große Menge Hasch heraus. »Ohne meine *porros*, meine Joints, kann ich nicht fahren«, grinste er. Wir haben dann kiffend und rauchend die Grenze zwischen Spanien und Frankreich passiert.

Der nächste Lkw-Fahrer, der mich mitnahm, war Frank. Alle Fahrer waren schockiert. »Junge«, sagte er. »Was machst du hier allein in Europa? Ohne Geld. Du bist sehr mutig. Sehr mutig. Wie kannst du so was machen? Ohne Geld?«

Am Ende hat mir Frank noch 20 Euro gegeben, als er mich in Süddeutschland rausließ.

Ich wusste nicht, wo ich war, war das überhaupt Deutschland? Kalt war es auch. Doch ich hatte Glück: Diesmal war es kein Lkw, sondern ein Wohnmobil. Ein Typ aus Polen nahm mich mit. Er fuhr direkt nach Hamburg. Das war ein Engel für mich. Er ließ mich dann sogar ganz in der Nähe der Wohnung meines Freundes heraus.

Von Kolumbien bis Hamburg Wandsbek-Markt. Ein Jahr und drei Monate.

Ich habe meiner Mutter nicht erzählt, dass ich nach Deutschland trampe. Ich habe sie erst angerufen, als ich da war. Man darf sich nicht unterkriegen lassen. Man muss mit vollem Blick nach vorne ziehen. Ich schaffe das, ich schaffe das, ich schaffe das.

Manchmal denkt man, man verliert die Kontrolle, wenn man nackt auf der Straße oder unter einer Brücke sitzt.

Aber ich glaube an *la fe* – den Glauben an uns selbst, daran, dass alles gut wird. Aber es gibt auch Menschen, die es nicht schaffen, die andere Welt auszuhalten. Und nach Jahren wieder zurück aus Deutschland nach Kolumbien fliegen.

Auf schlechte Zeiten ein gutes Gesicht, sage ich immer.

Und ich glaube, das hat mir sehr geholfen.

Einer meiner schönsten Momente war, als ich nach Jahren wieder in Spanien war: um dort Urlaub zu machen. Ich bin geflogen. Und habe aus dem Fenster geguckt, nur den Weg gesehen, alles, was ich schon gelaufen bin. Einfach nur geguckt. Aus der Luft.

Doch zurück zu dem Satz meiner Mutter, die mich gehen ließ. Am Flughafen, daran erinnere ich mich, kurz bevor ich in das Flugzeug einstieg, hat sie mir einen ganzen Stapel Scheine gegeben. 800 Dollar, in bar. Sie hatte ihr Haus verpfändet. Es war nur eine Sicherheit, falls man mich bei der Einreise fragen würde, mit wie viel Geld ich plane, in Madrid zu bleiben.

Sie hat mich angeblickt und mir diesen Packen Scheine, 800 Dollar, ihr gesamtes Haus, in die Hand gedrückt. Dann flüsterte sie mir ins Ohr: »John, lass mich bitte nicht hängen.«

Und das habe ich nicht.

»ES WAREN
EINMAL EIN
JUNGE UND
EIN MÄDCHEN«

»ES WAREN EINMAL EIN JUNGE UND EIN MÄDCHEN«

JENNIFER HOLLEIS
(VORMALS BLIGH) (43)
POLITOLOGIN UND JOURNA-
LISTIN MIT SCHWERPUNKT
NAHER OSTEN,
ISRAEL

Das Markanteste an meinem Vater war seine Stimme. Ich bin bei meinem Vater, diesem guten Erzähler, aufgewachsen. Er war es auch, der mich abends ins Bett brachte – und mir diese Geschichten erzählte.

Sie begannen immer gleich: »Es waren einmal ein Junge und ein Mädchen in einem fernen Land.« Das Mädchen hatte wunderschöne kastanienbraune Haare, die so glänzten, dass sie Shimmy (Englisch von *shimmer*, Glanz) genannt wurde. Der Junge hieß Yuval und war der jüngere Bruder. Diese Kinder blieben immer gleich alt, sie wuchsen nicht mit mir mit. Und sie haben immer viele Streiche angestellt.

In einer Gute-Nacht-Geschichte meines Vaters stand einmal die Kühlerhaube des Autos offen. Das Mädchen, im weißen Kleid, nahm das Öl für den Motor und schüttete es in den Behälter für die Kühlflüssigkeit, stolz, dem Papa geholfen zu haben. Es war ein großes Drama, weil die falsche Flüssigkeit im falschen Behälter war.

In einer anderen Gute-Nacht-Geschichte wurde das Mädchen im Kindergarten von einem Jungen geärgert. Darauf sagte mein Vater zu ihr: »Sag ihm, dass er aufhören soll, dich zu ärgern. Und wenn er nicht aufhört, dann hau ihn.« Am nächsten Tag wurde er in der Geschichte angerufen, weil das Mädchen den Jungen verletzt hatte. Sie hatte ein Kaminschüreisen genommen, mit drei Haken, und ihm in den Arm gerammt.

Ich fand diese Geschichten toll, die mein Vater mir vor dem Einschlafen erzählte. Er setzte sich dafür an mein Bett, erst war es ein Kinderbett, dann ein Stockbett und später eine Ausziehcouch. Aber als ich lesen konnte, hatte das mit dem Geschichtenerzählen ein Ende. Ich durfte länger aufbleiben, wenn ich selbst las.

Mein Vater sprach immer auf Englisch mit mir, auch wenn er von dem Jungen und dem Mädchen erzählte.

Als Kind erinnert man sich nicht an Akzente, man akzeptiert die Sprache seiner Eltern so, wie sie ist. Ich erinnere mich nicht, dass mein Vater auf Englisch einen Akzent gehabt hätte. Er selbst sagte, dass er Schotte sei.

Die Ehe mit meiner Mutter, einer Deutschen, war die zweite Ehe meines Vaters. Ich wusste auch, dass mein Vater Jahrzehnte bevor er meine Mutter kennenlernte, mit einer Israelin verheiratet gewesen war. Er war verwitwet, als er meine Mutter heiratete.

Unser Haus war komplett shoahfrei und unreligiös. Ich kannte auch das Hakenkreuz nicht, bis wir es in der Schule durchnahmen, hatte von Hitler nichts gehört, und dass Juden im Zweiten Weltkrieg umgebracht worden waren, war mir völlig fremd.

Wobei das fast schon wieder auffällig ist.

Als Kind nimmt man vieles so hin. Trotzdem merkte ich, dass er nicht gern Fragen zu seiner Kindheit oder der Zeit vor mir beantwortete. Er hat dann gesagt: »Willst du einen schönen Abend haben, oder willst du streiten?«

Einmal habe ich ihn gefragt, ganz konkret, nach diesem Mädchen und diesem Jungen. Ich hatte damals schon eine Grundvermutung, dass diese Geschichten nicht ganz erfunden sind, sondern auf einer wahren Begebenheit beruhten, nur ausgeschmückt, bunter und lustiger.

Mein Vater schwieg.

Als er starb, war ich Ende 20. Plötzlich hatte ich Einblick in seine Papiere, in seine Sterbeurkunde. Ich habe gesehen, dass sein Geburtsort nicht, wie er immer gesagt hatte, in John o' Groats im Norden von Schottland war, sondern in Galizien.

Bei Religion stand in seiner Sterbeurkunde: jüdisch.

Ich fand das alles sehr befremdlich, habe das aber erst mal von mir weggeschoben. Mein Vater war für mich immer ein Held gewesen – und diese Heldenfigur so fundamental anzukratzen, macht etwas mit einem.

Doch dieses Pflänzchen, dass da Ungereimtheiten existieren, hat von da an eine ordentliche Portion Dünger bekommen.

Irgendwann hatte ich den Punkt erreicht, an dem ich all das vor mir selbst nicht mehr aufschieben konnte. Zu der Zeit lebte ich in Brighton, hatte gerade mein Studium abgeschlossen und entschied, dass ich nach Israel fliegen würde, weil seine erste Frau ja Israelin gewesen ist. Ich wollte herausfinden, ob ich Geschwister habe. Ich bin jetzt bereit, ich bin erwachsen, dachte ich. Egal, was dabei herauskommt, es ändert mich nicht. Es waren einmal ein Junge und ein Mädchen. Würde ich sie finden?

Ich stieg also in London in einen Easyjet-Flieger nach Israel. Neben mir ein älteres Ehepaar: Ah ja, ja, sagten sie, Familiensuche, ja, das wäre ein ganz großes Thema in Israel. Da gäbe es eine Radiosendung, die wäre sehr beliebt. Und ansonsten gäbe es im Innenministerium eine Abteilung, die bei solchen Suchen unterstützen würde.

Also bin ich in Tel Aviv ins Innenministerium gegangen. Am Informationsschalter saß eine Frau, etwas älter, blonde kleine Löckchen. Ich fragte, ob sie Englisch spreche, und erzählte ihr in Kurzform meine Geschichte, dass mein Vater mal mit einer Israelin verheiratet war, die aber tot ist, und dass ich jetzt wissen will, ob sie Kinder hatten.

»Go to desk four«, hat sie gesagt. Mehr nicht.

An Schalter vier hat die Frau mir auch gar nicht groß zugehört, während ich unaufhörlich redete. Ich konnte den Computerbildschirm nicht sehen, aber ich habe gesehen, dass sie las, weil ihre Augen sich bewegten. Dann meinte sie ganz kurz angebunden, dass ich das dritte Kind meines Vaters sei, und ob sie mir die Namen und Adressen von meinen Geschwistern aufschreiben solle.

Auf einer gelben Karteikarte notierte sie zwei Adressen in Jerusalem und zwei Namen: Orit und Yuval. Nach nur wenigen Minuten stand ich mit diesem Schatz in der Hand wieder auf der Straße vor dem Innenministerium.

Ich habe auf Facebook nach den beiden Namen auf dem Zettel gesucht. Irgendwann tauchte das Foto einer Frau auf. Ich müsste lügen, wenn sie nicht genau ausgesehen hätte wie mein Vater. Ich schrieb ihr eine Nachricht: dass es bestimmt eine Überraschung ist, dass es mich gibt, dass ich nicht erwarte, dass sie sich am nächsten Tag gleich melden würde, sondern verstehen kann, wenn sie Zeit brauche, dass ich jetzt eben acht Wochen in Israel bin. Ich hatte mir ein israelisches Prepaidhandy geholt, um immer erreichbar zu sein.

Am nächsten Morgen klingelte mein Handy: »Hi, Jenny. This is Orit.«

Sie rief mich aus London an, die Stadt, aus der ich für sie nach Israel geflogen war. »Unser Bruder braucht noch Zeit«, sagte sie, die höfliche Formulierung dafür, dass er mit allem, was mit unserem Vater zu tun hatte, nichts zu tun haben wollte. Das hat sich auch bis jetzt nicht geändert.

Dafür habe ich in den acht Wochen in Israel sehr viele Menschen kennengelernt, die alle mehr oder weniger mit mir blutsverwandt sind.

Und ich habe die irre Energie des Landes kennengelernt, nein, besser gesagt, sie hat mich komplett erfasst und mein gesamtes Leben verändert. Alles wird intensiver gelebt. Mein Spektrum an Gefühlen wurde auf einmal um so vieles breiter, von irrsinniger Freude bis zur größtmöglichen Trauer. Ich glaube, ich wollte eigentlich immer schon so leben: intensiv. Und genau das war es. Obwohl Tel Aviv eine sehr liberale Stadt ist, sind die Israelis sehr politisch, und sie drängen dir ihre Meinung auf. Jeder Taxifahrer sagt dir ungefragt, wen du heiraten solltest, welchen Politiker du wählen musst und was du auf jeden Fall mal essen musst. Auf der einen Seite ist Israel im medizinischen und im Militärbereich weit fortgeschritten, vor zehn Jahren gab es schon elektronische Rezepte für die Apotheke. Auf der anderen Seite kriegen sie das Kakerlakenproblem nicht in den Griff. Und wenn es zweimal im Jahr stark regnet, sind die Straßen überflutet.

Weil all das aber dann doch sehr viel Neues in kurzer Zeit war, bin ich in die Negev-Wüste gefahren und habe in einem Ashram meditiert und Yoga gemacht. Die Wüste ist ein Ort, der wenig Lügen zulässt, in der Steinwüste gibt es nur Leben und Sterben. Diese

Zeit war wichtig für mich, um mich in dieser neuen Familienkonstellation zurechtzufinden. Außerdem habe ich an meinem ersten Musikfestival in der Wüste teilgenommen und bis zum Sonnenaufgang getanzt.

Als ich nach drei Wochen wieder in Tel Aviv war, habe ich mich selbst sagen hören, dass ich nicht nach England zurückkehren will. Ich bin nur noch zu meinem Master-Abschluss nach London geflogen, Orit hat mich vom Flughafen abgeholt und ist am nächsten Tag mit nach Brighton gefahren. Da hatte ich schon meine geplante Dissertation abgesagt und mich von meinem Freund getrennt. Einige Tage später bin ich nach Israel zurückgekehrt und habe angefangen, als Nahostjournalistin und Kriegskorrespondentin für deutsche Medien zu arbeiten. Ich bin geblieben. Fünf Jahre.

Seit 2017 lebe ich wieder in Deutschland.

DER 7. OKTOBER 2023

In Israel zu leben, bedeutet, dass die Gefahr klar definiert ist. Sie kommt immer von außen. Oder besser gesagt, sie kam immer von außen.

In Israel ist gerade die extremste Regierung seit 1948 an der Spitze. Es herrschte ein neues, ein unbekanntes politisches Klima, mit vielen Demonstrationen. Bis zum 7. Oktober. Der Angriff der Hamas war ein Angriff auf unsere Identität, der Versuch, sie auszulöschen. Der Krieg hat die israelische Gesellschaft geeint. Deswegen sind die Demonstrationen gegen Netanjahu, die das Jahr 2023 dominierten, völlig in den Hintergrund getreten.

Meine beste Freundin schrieb mir an diesem Tag eine WhatsApp-Nachricht: »Wir werden evakuiert. Es ist was ganz Schlimmes passiert.« Daraufhin habe ich im Auto die Nachrichten angemacht. Mein Vertrauen in das israelische Militär, aber auch in die Geheimdienste war so groß, dass ich mir nicht vorstellen konnte, dass wirklich Hunderte Hamas-Kämpfer über die Grenze aus dem Gazastreifen kommen konnten. Es ist eine der am besten gesicherten Grenzen der Erde.

Doch dann kamen diese furchtbaren Bilder von dem Festival, von denen ich sehr viele Leute kannte, weil es die gleichen waren wie damals bei den Festivals im Ashram in der Wüste auch. Das Land ist klein. Das Land ist wirklich klein. Jetzt kennt jeder jemanden, der von der Hamas entführt wurde. Und der oder die vom Militär eingezogen wurde.

Auch die Kinder meiner neu gefundenen Familie sind eingezogen worden. Und fast alle Männer. So wie meine große Liebe von damals, ein Israeli namens Roman. Wir haben uns bei unserer Trennung versprochen, dass, wenn sich der eine beim anderen meldet, wir immer sofort antworten werden. Am 7. Oktober habe ich ihm das erste Mal seit acht Jahren geschrieben. Er hat sofort geantwortet, meinte, er werde erst drankommen, wenn »Armageddon« ausbricht. Zwei Wochen später schickte er mir ein Foto von sich in Uniform. Aus der Kampfzone, dem Combat. Seitdem ist er in Gaza als »Special-Unit-Combat-Sprengstoffspezialist«. Ich schaue regelmäßig auf WhatsApp nach der »Zuletzt online«-Angabe. Wenn es zwei Tage her ist, dass er online war, dann mache ich mir Sorgen.

Ich bin nur noch selten auf Facebook, weil ich so viele Menschen, die ich kenne, dort auf einmal in Uniform sehe. Die Todeszahlen sind nicht irgendwelche Zahlen, sondern der Bruder oder Schwager von Menschen, die mir sehr nahestehen.

Der 7. Oktober hat so viel verändert. Es kann nicht einfach so aufhören wie andere Kriege gegen die Hamas, denn dieses nationale Trauma ist ab jetzt Teil des Landes – und es betrifft auch meinen Satz, denn es betrifft ja auch meine israelische Familie und meine Geschwister.

Zu Hause in Deutschland habe ich eine Korbkiste mit den Souvenirs meines Lebens: eine kleine Dose mit Milchzähnen, vielen Fotos und diese gelbe Karteikarte mit den Namen und Adressen von meinen Geschwistern. Einen größeren Schatz besitze ich nicht.

»DAS EIS SIEHT IRGENDWIE
SCHÖN AUS«

»DAS EIS SIEHT IRGENDWIE SCHÖN AUS«

SEBASTIAN LANGE* (29)
JOURNALIST,
FRANKEN

Hannes* und ich hatten uns über »Diablo«, ein Computerspiel, kennengelernt, als wir 16 waren. Bei uns beiden lief die Welt da draußen gerade nicht gut. Wir fühlten uns nicht zugehörig, so als wäre irgendetwas falsch mit uns. Ich habe schon immer gern geschrieben oder gelesen. Für Hannes war das überhaupt nichts. Er hat lieber an Sachen rumgeschraubt, an Motorrädern oder Autos. Es war keine Freundschaft, die von Gemeinsamkeiten lebt. Sondern eine, in der man sich gegenseitig in seiner Einsamkeit erkennt. Eine Freundschaft, in der das Gefühl verbindet, dass der andere weiß, wie es einem geht – weil es bei ihm ähnlich scheiße ist.

Ein Jahr lang hielten wir nur über unsere Computer Kontakt, dann habe ich ihn besucht, in dem bayerischen Dorf, in dem er lebte. Fünf Stunden Zugfahrt trennten uns. Von da an haben wir uns alle zwei, drei Wochen gesehen – sofern das Geld für die Bahntickets gereicht hat.

Wenn wir uns nicht sahen, hatten wir unser Computerspiel, die parallele Dimension. Wir waren wirklich enge Freunde. Wenn ich zu tief in meine Gedanken abglitt und es düster wurde, war Hannes derjenige, der mir sagte, dass alles wieder wird.

Wieder ein Jahr später gingen wir spazieren. Es war Anfang Dezember, ich war gerade 18 geworden und bei ihm zu Besuch. Wir standen auf einer Brücke über einem Nebenfluss des Inn. Rundherum vereiste Landschaft. Hannes schaute hinunter und sagte: »Das Eis sieht irgendwie schön aus, oder? Ist dieses Jahr gar nicht so dick.« Ein paar Meter weiter liefen Kinder mit ihren Eltern Schlittschuh. Das Eis schien dick genug zu sein.

In den nächsten Tagen wurde Hannes stiller. Während des Spiels trat er aus unserem Teamspeak aus – einem Voice-Programm, das wir damals nutzten, um uns abzusprechen. Er ging auch nicht mehr ans Telefon. Bei unserem Spiel zeigte der Status, wie lange jemand schon offline war. Die Anzeige bei Hannes stand auf 17 Stunden. Aus den Stunden wurde ein Tag, wurden zwei, dann drei und irgendwann vier, fünf Tage. Ich habe ihn mit Nachrichten bombardiert. Ohne Antwort.

Nach zwei Wochen rief mich sein Onkel an. Hannes' Eltern waren schon vor Jahren bei einem Motorradunfall gestorben. Ich hörte ein paar Laute, die ich nicht zuordnen konnte. Heute glaube ich, dass es Schluchzen war: »Hannes ist von der Brücke gesprungen. Er ist ertrunken im Fluss.«

Ich weiß bis heute nicht, ob das Eis tatsächlich eingebrochen ist. Ich will es nicht wissen – aber ich werde diesen Satz niemals vergessen. Manchmal frage ich mich, ob Hannes sich jetzt noch mal so entscheiden würde, denn mein Leben ist auch ein anderes geworden, als wir es damals erwartet haben. Ein bisschen hatte er recht, als er mir sagte, dass alles gut wird. Doch ich bin absolut kein gläubiger Mensch, und in solchen Momenten denke ich mir: leider nicht.

»WEISST DU, WIE MAN
SOUP-E DJO KOCHT?«

»WEISST DU, WIE MAN SOUP-E DJO KOCHT?«

MARIAM CLAREN (43)
AKTIVISTIN,
TEHERAN

Jedes Jahr, wenn der Winter kam, flog meine Mutter nach Teheran. Dort verbrachte sie die Wintermonate. Bei Frühlingsanbruch kehrte sie für fünf Monate zu mir zurück nach Köln. Am Freitag, dem 16. Oktober 2020, telefonierte ich mit meiner Mutter: »Weißt du, wie man Soup-e Djo kocht?«, fragte ich. Eine Gerstensuppe. Sie wollte mir später genauer erklären, wie das ginge. Meine letzte Frage an sie.

Denn meine Mutter rief nicht wieder an. Sie nahm auch nicht mehr den Hörer ab. »Du bist online. Warum gehst du nicht ran?«, schrieb ich ihr. Meine Mutter war bis nach ein Uhr nachts online, ohne zu antworten. Schließlich rief ich meine Onkel in Schiras in Iran an. Beide erzählten, dass sich meine Mutter zuletzt gestern Mittag gemeldet habe, um nach einem Rezept für Gerstensuppe zu fragen.

Am Sonntag, dem 18. Oktober 2020, reisten meine Onkel aus Schiras nach Teheran. Mit einem Zweitschlüssel betraten sie die Wohnung meiner Mutter. Buchseiten wehten über den Boden. Daunenfedern klebten an den Wänden. Die Matratze war aufgeschlitzt, Taschen geöffnet und Schubladen durchsucht worden. Der Laptop fehlte, und die »deutsche Schublade« war geleert worden. Anstelle des deutschen Passes fanden sie ein offizielles Schreiben der Islamischen Republik, dass man Frau Nahid Taghavi festgenommen habe, sowie eine Liste der Gegenstände, die beschlagnahmt worden waren. Darunter: ihr deutscher Personalausweis, der deutsche Reisepass, Bargeld, ihr Smartphone und Laptop, Bücher und USB-Sticks. Meine Onkel klopften bei der Nachbarin: »Was war da los?« Mehrere Männer seien in einem Krankenwagen vorgefahren. Jeder in Iran weiß, dass die Revolutionsgarde Krankenwagen benutzt. Der Krankenwagen solle verhindern, dass die Menschen denken, es werde jemand gefangen genommen.

Verschwindet eine Person in Teheran, geht man zum Evin-Gefängnis.

Dort angekommen, wurde meinen Onkeln bestätigt, dass meine Mutter inhaftiert sei. Aber es wurde nicht gesagt, weswegen. »Security Case«, »streng geheim«, »keine Akteneinsicht«, hieß es. Meine Onkel zogen in die verwüstete Wohnung ein. Jeden Tag suchten sie das Evin-Gefängnis auf. Meine Mutter besitzt die deutsche und die iranische Staatsangehörigkeit. Sie ist ein politisches Druckmittel. Iran möchte erreichen, dass Deutschland seine Forderungen unterstützt. Die Islamische Republik inhaftiert immer wieder Doppelstaatler, um Druck auf das andere Heimatland auszuüben, in diesem Fall auf Deutschland.

Meine Mutter sprach sich ihr Leben lang für Frauenrechte und gegen die Kopftuchpflicht aus. Sie reiste oft nach Deutschland. 1982 starb mein Vater in Teheran bei einem Autounfall. Sein Wagen wurde durch eine Explosion von der Fahrbahn geschleudert. Sechs Jahre später endete der Iran-Irak-Krieg mit zwei Verlierern. Den Waffenstillstand wartete meine Mutter nicht mehr ab: Nach dem Tod ihres Mannes floh sie mit mir, ihrer zwei Jahre alten Tochter, nach Köln.

Mit Anfang 50 sprach meine Mutter zum ersten Mal wieder davon, in ihre Heimat reisen zu wollen. Sie vermisste ihre Eltern und die zwei Brüder in Schiras. Da sie seit 2003 die deutsche Staatsangehörigkeit besaß, musste sie sich nun einen iranischen Pass beim Konsulat besorgen. Für Iran bleibt sie Iranerin, das Land entlässt niemanden aus der Staatsangehörigkeit. Und erkennt die deutsche Staatsangehörigkeit nicht an. Nur mit iranischem Pass können Iranerinnen und Iraner dort einreisen, sie bekommen kein Visum. Obwohl Iran offiziell die deutsche Staatsangehörigkeit nicht anerkennt, ist diese der eigentliche Grund ihrer fortlaufenden Inhaftierung.

Meine Mutter flog wieder nach Teheran. Erst um ihre Eltern zu pflegen. Später, um sie zu begraben. Von Mal zu Mal blieb sie länger. Sie schwamm im Kaspischen Meer, besuchte Persepolis, hatte einen großen Freundeskreis. Am Telefon erzählte sie amüsiert, wie die Kassierer im überfüllten Supermarkt nach der Geheimzahl riefen und die Kunden ihren Code durch den Laden brüllten. Sie beobachtete auch, wie das Fleisch teurer wurde, die Inflation stieg und die Iraner litten. Es waren kritische Augen, mit denen sie das iranische Regime beobachtete. Stumm.

Als meine Onkel anriefen, weinte ich einen Sonntag lang. Dann tippte ich bei Google »Auswärtiges Amt« ein. Eine Hotline verband mich mit einer Frauenstimme. »Das tut uns sehr leid mit Ihrer Mutter.« Dann gab man mir den Kontakt der Deutschen Botschaft in Teheran. Ich schrieb sofort eine Mail dorthin. Dann rief ich eine iranische Freundin meiner Mutter an, die besser Bescheid wusste über das, was gerade vor sich ging: »Versprichst du mir, dass wir Mama bald zurückhaben?« – »Das kann ich nicht. Das wird ein Marathon, Mariam, kein Sprint.«

Das religiöse Oberhaupt hat die wahre Macht in Iran. Und das war nicht der verstorbene Präsident Ebrahim Raisi. Ali Chamenei ist seit 1989 »Oberster Führer«. Er kann nicht abgewählt werden. Die Revolutionsgarde, auch Sepâh genannt, ist seine Streitmacht. Jeder in Iran weiß: Die Revolutionsgarde kontrolliert den Geheimdienst, die Wirtschaft und das Militär. Es ist ein Staat im Staat. Meine Mutter ist Gefangene des Geheimdienstes. Zu Hause begann ich, Worte für sie aufzuzeichnen, die ihr Mut machen sollten: »Mama, ich war heute bei dm, und die Verkäuferin hat mich gefragt, ob ich nicht die Tochter von Nahid Taghavi bin. So berühmt bist du schon in Köln, Mama.« Eine Lüge.

Am 4. August 2021 wurde meine Mutter in einem Scheinprozess zu zehn Jahren Haft wegen Mitgliedschaft in einer »illegalen Gruppe« und Propaganda gegen die Regierung verurteilt. Standardvorwürfe. Ein Jahr später, im Juli 2022, wurde sie in medizinischen Hafturlaub entlassen. Sie hat zuvor unter schwersten Bedingungen viele Monate in Isolationshaft verbracht. Man darf nicht vergessen: Sie ist jetzt 69 Jahre alt. Vielleicht hatten die Verantwortlichen tatsächlich etwas Sorge, dass eine deutsche Staatsbürgerin im

Gefängnis sterben könnte. Ein politisches Druckmittel sollte nicht sterben.

Meine Mutter und ich waren schon immer *Harry Potter*-Fans. Evin ist für uns wie Askaban. Das Zaubereigefängnis aus der magischen Welt um Harry Potter befindet sich auf einer unauffindbaren Felseninsel. Evin war in den 80er-Jahren für Massenhinrichtungen bekannt. Mittlerweile wird das Gefängnis auch »Universität« genannt – hier sitzen iranische Frauenrechtlerinnen, Anwälte, Umweltschützerinnen, Journalisten. Zum Beispiel die beiden Journalistinnen Nilufar Hamedi und Elaheh Mohammadi. Hamedi berichtete aus dem Krankenhaus, in dem Jina Mahsa Amini im Koma lag, die junge Frau, deren Tod nach einer Verhaftung durch die Sittenpolizei die Proteste ausgelöst hat. Mohammadi hat in der Provinz Kurdistan die Beerdigung von Jina Mahsa Amini fotografiert.

Am 12. November 2022 hatte Bundeskanzler Olaf Scholz in seinem Videoblog das brutale Vorgehen des iranischen Regimes gegen die Protestierenden im Iran erstmals scharf verurteilt. Er sagte: »Was seid ihr für eine Regierung, die auf ihre eigenen Bürgerinnen und Bürger schießt? Wer so handelt, muss mit unserem Widerstand rechnen.« Interessanterweise teilte die Gerichtsmedizin exakt eine Stunde nach dem Statement von Olaf Scholz meiner Mutter mit, dass sie nun wieder haftfähig sei.

Es handelt sich übrigens um dieselbe Gerichtsmedizin, die den Tod von Jina Mahsa Amini als natürlichen Tod einstufte. Die Gerichtsmedizin ist eine Marionette des Sicherheitsapparats. Im Augenblick haben die Proteste vielleicht nicht geholfen, nichtsdestotrotz kann ich sagen: Meine Mutter und ich stehen voller Stolz und Solidarität hinter den Menschen im Iran.

Meine Mutter rief mich an dem Samstag an und sagte: »Evin hat angerufen, ich muss zurück.« Ich habe ihr dann erzählt, dass kurz zuvor ein Statement des Bundeskanzlers online gegangen war. Wir haben beide kurz darüber schmunzeln müssen, wie offensichtlich das Regime reagiert. Dann fing ich an zu weinen. Und sie sagte zu mir: »Mariam, hast du wirklich gedacht, sie tun mir das nicht noch mal an? Wir weinen nicht.«

Ich habe versucht, meiner Mutter alle *Harry Potter*-Bände ins Gefängnis zu schicken – sie haben sie nicht durchgelassen. Es gibt eine Sache, die in *Harry Potter* nicht vorkommt: Gott. Und das mögen sie da nicht.

»DIE FREIBEUTER DER LIGA
UND HSV, DIE PFEFFERSÄCKE«

»DIE FREIBEUTER DER LIGA UND HSV, DIE PFEFFERSÄCKE«

DOC MABUSE (65)
BAUHELFER, BÜHNENAUF-
UND -ABBAUER
(RICHTIGER NAME
TORSTEN HERRMANN),
HAMBURG

10 Mark. Der Verkäufer hat 10 Mark verdient. Es war ein Fahnen-Verkaufsstand mit vielen Länderfahnen. Nach einem St.-Pauli-Spiel auf dem Dom, dem Hamburger Volksfest, Anfang der 80er-Jahre. Der Sommerdom. Und dann diese Fahne. Ich war gut angetrunken – und ich habe die Totenkopfflagge auf dem Dom gesehen. Das ist doch genau das Richtige, habe ich gedacht. Diese schwarze Piratenflagge. Die Fahne der Freibeuter. Mit einer Augenklappe – dem Jolly Roger.

Ich wollte Farbe ins Stadion reinbringen, das war der Hauptgrund. Das Braun-Weiß hat mir nicht gefallen. Ich war vorher schon oft im Millerntor-Stadion gewesen, überall die Pauli-Farben. Das Braun. Ich mag keine Faschos. St. Pauli hat nichts mit Faschos zu tun. Obwohl vielleicht auch einige bei den Ultras sind. Einen Verein, der keine rechtsdenkenden Menschen hat, gibt es, glaube ich, nicht.

Jedenfalls habe ich dann die Totenkopffahne an einen Besenstiel getackert oder genagelt. Beim nächsten Heimspiel brachte ich sie mit ins Stadion. Mitten in die Gegengerade, da habe ich immer gestanden.

Und die Leute fragten alle:

»Was willst du denn mit der Totenkopfflagge hier?«

Und ich antwortete immer:

»Die Freibeuter der Liga und HSV, die Pfeffersäcke.«

Das war mein Satz, meine Erklärung dafür. Das, was mich bis heute begleitet.

Die Pfeffersäcke meint den HSV, die Hanse, die Kaufleute, die reichen Pfeffersäcke, und die Totenkopfflagge ist St. Pauli, sind die Freibeuter, Piraten, wie Störtebeker. Links gegen rechts.

Beim nächsten Spiel waren dann schon zwei Fahnen mehr da. Hätte ich das damals gewusst, wie das weitergeht, hätte ich ein

Patent darauf angemeldet. Dann wäre ich jetzt Millionär. Wer weiß, vielleicht wäre das auch nicht so gut gewesen, so viel Geld zu haben, hätte ich ein Patent angemeldet. Habe ich aber nicht.

Mittlerweile hat das Vereinslogo, der Totenkopf, keine Augenklappe mehr. Vielleicht wegen mir. Dass es so einen Hype gibt, damit hätte ich nicht gerechnet. Selbst die Eckfahnen sind mit Totenköpfen, genau wie die Trikots, es gibt sogar Strampelanzüge damit. Einmal war ich in dem Fanladen, da habe ich gedacht: Ei, ei, ei, St.-Pauli-Totenkopftoaster, das finde ich schon kurios.

Ich trug immer eine Pauli-Weste. Voll mit bunten Aufnähern. Die HSV-Fans haben Aufkleber gegen uns fabriziert: »St. Pauli Zecken« stand da. Die kamen bei uns total gut an. Da haben wir dann Aufnäher draus gemacht. Gegen das Establishment!

Damals lebte ich in der Hamburger Hafenstraße, in den besetzten Häusern. Die Fahne habe ich auch bei mir zu Hause aus dem Fenster gehängt. Manchmal auch auf Demos. Kam immer darauf an, welche Demo. Ich wollte sie ja nicht der Polizei überlassen. Bei ruhigen Demos kann man das machen. Da, wo es abgeht, ist das nicht so gut. Die Fahnenstange als Schlagstock benutzen zu können, das war nicht so mein Ding.

Ich bin in Bramfeld aufgewachsen, und in Steilshoop gab es jeden Montag für eine Mark einen Kinofilm. Und eines Abends lief da: *Das Testament des Dr. Mabuse* von Fritz Lang. Ich war von dem Film so fasziniert. Mit einem dicken Edding begann ich, überall Dr. Mabuse hinzuschreiben. Auf Stromkästen, Telefonzellen, in Bussen und an Bushaltestellen. Einmal, da war ich so beim Schreiben, kam ein Klassenkamerad vorbei: »Ah, du bist also Doc Mabuse?« Und schon war es passiert – es hat sich durchgesetzt.

Den Verein entdeckte ich mit 15 oder 16 Jahren. Da war ich das erste Mal da. Ein Kumpel von mir hat mir das gezeigt. Der ist immer mit seiner Oma zum FC St. Pauli gegangen. Dieser Kumpel hat mich auch zum Punk gebracht, zu meinem ersten Punkkonzert in der Markthalle. Da war einer mit einem Jackett, das konnte man gar nicht erkennen, weil es so voller Dosenöffner, Klo-Ketten und Klingeln war. Ein Dynamo hing auch dran. Damals haben Big Balls & the Great White Idiot gespielt. Das sagt heute keinem mehr was, aber für mich war das der Hammer. Hatte ich noch nie gesehen, so was.

In der Hafenstraße war ich von Anfang an dabei. 1979 bin ich zu den Häusern gekommen. Ein kleiner bunter Haufen. Den Nutzungsvertrag habe ich 1981 unterschrieben. Besetzt waren schon einige Wohnungen vorher. Das wusste keiner, außer den Leuten, die da gewohnt haben. Und das hat sich dann einfach ausgedehnt. Im Plenum wurde beredet, was man repariert oder erneuert. Das Dach deckt, ausbessert, die Fenster verglast oder Durchbrüche macht. Ich habe im Sechserblock gewohnt, dort, wo die Fassade bemalt war. Da habe ich auch mitgemacht. Dreimal grundiert, dreimal mit Deckweiß rüber, dann bemalt. Einen Punk habe ich gemalt, mit Iro und einem Joint im Maul, darüber stand: »More fun, bis keiner mehr kann«. Es gab diesen Lichtschacht, voll mit allem möglichen Müll. Matratzen, Müllbeutel und Tüten voller irgendwas. Wir haben alles sauber gemacht. Irgendwann kam dann die Scheiße den Lichtschacht hoch. Die wurde durch die Abflussrohre aus der Nummer 126 rausgedrückt. Wir hatten kein richtiges Werkzeug und mussten da ran. Dass ich dabei nicht gekotzt habe, das hat mich auch gewundert. Unser Anliegen war hauptsächlich, die Häuser zu halten. Allgemein ging es um Wohnraumnutzung. Das wäre echt übel gewesen, die Häuser abzureißen.

Die Barrikaden-Wochen waren der Hammer. Rund um die Häuser haben wir Barrikaden aufgestellt, damit die Bullen nicht an die Häuser kommen und wer sonst noch. Es ging um Räumung. Immer wieder wurde ein Weg gesucht, die Häuser zu räumen: RAF-Angehörige sollten dort wohnen, die Wohnsituation wäre gefährlich, was alles nicht stimmte. Auch die *Bild-Zeitung* hat eine Menge dazu beigetragen, damit es einen Angriffspunkt gibt. Damit die mit dem öffentlichen Organ, der Polizei, einschreiten können. Und man endlich abreißen kann.

Und das haben wir verhindert. Mit der großen Unterstützung der Öffentlichkeit, dem Umfeld und der Nachbarn. Auch aus anderen Städten und sogar anderen Ländern. Das haben wir dann auch erreicht. Diese Unterstützung war ein erhabenes Gefühl. Das war eine Art Macht.

Meine Fahne ist leider am Lagerfeuer vor den Häusern der Hafenstraße draufgegangen. Ich habe einen Feuertanz gemacht, wir haben getrunken und gefeiert, und dabei ist es passiert: Ich bin mit der Fahne um das Feuer gerannt und auch mal drübergehüpft. Irgendwie hat sich dann die Flamme ihren Weg gesucht. Ratzfatz. Eine große Stichflamme. Wusch. Und dann wars vorbei mit der Fahne.

Die alten Pauli-Fans wissen noch, dass ich der Erste war, der mit der Fahne das Millerntor-Stadion betreten hat. Die jüngeren nicht mehr so. Pauli war gleich um die Ecke. Ich habe die immer alle mitgeschnackt. Sogar Leute, die aus Berlin kamen. Kumpels, Punks – ab in die Gegengerade. An Schorsch Kamerun oder Rocko Schamoni kann ich mich noch erinnern. Der Pauli-Torwart Volker Ippig hat eine Zeit lang im Hafen unter dem Dach gewohnt. Panther nannte man ihn, weil er so gut geflogen ist. Als er wieder bei Pauli gespielt hat, hat er sich mit zwei Wildschweinen bedankt.

Es gibt immer noch Treffen. Ich kenn die alle noch. Viel Spaß haben wir gehabt, auch wenn viele jetzt woanders wohnen. Manchmal fährt jemand in Hamburg mit dem Auto an mir vorbei: »Hey, Mabuse!« Dann werden alte Geschichten ausgegraben.

Ich habe noch mitgekriegt, wie Pauli von ganz unten bis in die erste Liga aufgestiegen ist. Da hat der ganze Kiez gebebt. Eines der schönsten Erlebnisse. Überall waren sie am Tanzen, ein herrliches Gefühl. In den 80er-Jahren war die Nähe mehr da. Da haben wir den Spielern die Hand gereicht, und die haben zurückgereicht. Jetzt sind dort überall Zäune. Einige sind damals auch in die Kneipe gekommen am Hafen, ins Onkel Otto oder ins Ahoi. Dann gab es noch die Clubkneipe mit Brigitte, der Wirtin. In die war ich verliebt. Ganz tolle Frau, kein Blatt vor den Mund genommen. Der konnte man nix erzählen. Wenn es Ärger gab, ist sie gleich dazwischen. Ich weiß nicht genau, wo sie jetzt ist. Sie hatte eine Kneipe auf dem Kiez, immer wenn ich da vorbeigehe, ist die geschlossen.

Wenn man verliert, dann verliert man: Es gab mal eine Phase, in der ich auch richtig sauer wegen der Totenkopffahne war. Aber das hat sich im Laufe der Zeit gegeben, ich nehme da auch keinem mehr irgendetwas übel. Oder dass die da nichts gemacht haben – oder überhaupt nicht an mich gedacht haben. Egal, sag ich mir dann immer. Sauer sein – was bringt das? Ich hätte auch einen Anwalt einschalten können. Aber nee, so bin ich nicht! Klar landet das Geld auch im Verein selbst, aber es werden eben auch soziale Projekte unterstützt. Ich weiß ja, wo das Geld hingeht, und das ist okay.

Ich würde mich freuen, wenn sie dieses Jahr aufsteigen. Aber ich denke mal, dass sie da nicht lange bleiben. Die sind nicht Union Berlin. Ehrlich gesagt ist St. Pauli eine Zweitligamannschaft. Die Spieler mögen mir verzeihen. Das war eigentlich immer schon so: Pauli ist irgendwie aufgestiegen und nächste Saison wieder abgestiegen. St. Pauli ist gut bedient, wenn sie so bleiben, wie sie sind, und nicht großartig Superstars einkaufen. In der zweiten Liga sind sie immer eine Bank. Meistens.

Das letzte Mal war ich im Stadion, 2010, als sie 100 Jahre alt geworden sind. Das Fan-Forum, also die Fans, haben mir ein Geschenk gemacht: Einen ganzen Block Ehrenkarten für die Heimspiele habe ich zum Jubiläum bekommen. Doch schon das erste Spiel hat mir nicht mehr gefallen: Da waren sie gerade aufgestiegen in die Bundesliga und haben gegen Hoffenheim gespielt. 1:0 verloren, das weiß ich noch. Mich hat das alles genervt da, dann bin ich nicht mehr hin. Jeder wollte auf einmal irgendwie dort sein. Ich komme von dem Verein trotzdem nicht los. Ich verfolge das immer noch.

Wünschen würde ich mir vom Verein vielleicht, dass ich mir keine Gedanken mehr machen muss, wo ich wohnen kann. Einen Ruhesitz hätte. Mit Erwerbsminderungsrente alt werden kann. Die restlichen Ehrenkarten, die sie mir gegeben haben, habe ich damals verkauft, für zwanzig oder zehn Euro. Manchmal habe ich sie auch verschenkt.

»ICH MÖCHTE,
DASS DU RUNTERGEHST«

»ICH MÖCHTE, DASS DU RUNTERGEHST«

KARSTEN BONACK (57)
POLIZEIHAUPTKOMMISSAR
DER BERLINER DIREKTION 5,
BERLIN

Stellen Sie sich mal vor, die wären reingekommen, in den Reichstag. Die wären rechts rumgelaufen, nur drei Räume weiter, dann hätten die auf dem Balkon gestanden, mit einer Reichsflagge in der Hand. Dort, wo der Sozialdemokrat Philipp Scheidemann 1918 die Republik ausgerufen hat. Bilder, die um die Welt gegangen wären. Das müssen Sie sich mal vorstellen: Eine Menge vor dem Reichstag, die Tür geht auf, und dann schwenkt da einer der Demonstranten die Reichskriegsflagge. Im 21. Jahrhundert an so einem geschichtsträchtigen Ort. Der Sturm auf den Reichstag: ein Angriff auf unsere Demokratie.

Ich bin Zugführer der Alarmhundertschaft 5, das ist eine Einheit, die bei besonderen Lagen, neben weiteren Polizeieinheiten, in Berlin bereitgestellt werden. Mein Zug dieser Einheit besteht aus circa 25 Dienstkräften. Am 29. August 2020 waren wir direkt am Reichstagsgebäude, unterhalb der Treppen, zur Absicherung einer genehmigten Kundgebung, eingesetzt. An diesem Tag kamen Menschen aus ganz Deutschland zum Reichstag, um gegen die Coronamaßnahmen zu demonstrieren. Die Versammlung vor den Stufen war offiziell auf 400 Personen begrenzt, weil der Platz sonst nicht ausreichen würde. Von Anfang an wurde gegen den Staat gehetzt, auch gegen die Polizei. »Schließt euch an, schließt euch an«, wurde auch gerufen oder: »Wir sollten unsere Augen aufmachen«, »Der Staat ist kein Rechtsstaat«, »Man ist hier keine Demokratie« und so weiter und so fort. Also man hat massiv auf die Regierung, auf Politiker, auf den damaligen Gesundheitsminister verbal eingeschlagen und auf Virologen wie Herrn Drosten.

Mit der Coronaleugner- oder Reichsbürgerszene zu sprechen, da haben Sie keine Chance. Nach zwei Minuten können Sie abbrechen. Die stecken so tief in ihrer Szene, in ihrer Denkweise drinnen, dass sie keine andere Meinung zulassen. Die haarsträubendsten Sachen habe ich gehört: Dass bei den Einsätzen alle von Polizeihubschraubern bestrahlt werden würden, heißt es dann zum Beispiel.

Was mich gewundert hat, damals, 2020: Noch nie gab es bei einer Demonstration so viele unterschiedliche Facetten auf einen Blick: Ich habe die russische Fahne, Kaiserflaggen, Regenbogenfahnen und türkische Fahnen gesehen. »Irgendwas stimmt hier nicht«, habe ich zu einem Kollegen gesagt, »das gab es ja noch nie: ein Fest der Vielfalt.«

Für uns war es zunächst ein Einsatz wie jeder andere auch. Im Vorfeld wird die Lage beurteilt. Natürlich hat man viele Szenarien in Erwägung gezogen, das macht man immer. Nicht unbedingt einen Sturm, aber zumindest, dass sich manche vielleicht auf die Treppen setzen würden. Man wollte dieses Gebäude im Vorfeld schützen, überall waren Gitter aufgestellt. Natürlich leicht zu überspringen für einen normalen Menschen. Aber der normal Denkende müsste sagen: Wenn ich ein Gitter sehe, was da aufgestellt ist, oder mehrere Gitter, dann habe ich die nicht zu überspringen.

Die Stimmung schwenkte um, kippte, als eine weitere Demonstration vor der russischen Botschaft eskalierte und dort die Situation bereinigt wurde. Es kam zu Übergriffen und Auseinandersetzungen zwischen Polizei und Demonstranten. Die Menge setzte sich von der russischen Botschaft in Bewegung. Bestimmt 800 Menschen marschierten Richtung Reichstag.

Wir hatten »Durchlassstellen« eingerichtet, um zu selektieren, weil wir im Vorfeld schon wussten, dass vor den Treppen nicht mehr als 400, 500 Menschen Platz hatten – es war alles schon voll. Irgendwann wurde eine Vorsperre aufgehoben, sodass sich innerhalb kürzester Zeit nicht mehr 400, sondern circa 1200 Demonstranten auf dem Platz vor dem Reichstag aufhielten, was die Stimmung noch mal angeheizt hat.

Ich habe in meinem Zug, mit 25 Dienstkräften, direkt auf der rechten Flanke des Reichstags gestanden, weil ich eine weitere Absperrlinie schützen sollte. Aus den Augenwinkeln sah ich auf einmal, wie vereinzelte Personen über die Absperrgitter kletterten. »Die stürmen das Ding«, habe ich gerufen. Die stürmen jetzt den Reichstag, die rennen wirklich die Treppe hoch. Sofort habe ich zu den anderen gesagt: »Wir geben unseren Standort auf.« Dann sind wir losgerannt. Es befanden sich noch Kräfte aus Baden-Württemberg am Ort, die die ursprüngliche Absperrlinie weiter gehalten haben.

Ich lief ganz vorne, habe die Stürmenden mehr oder weniger einfach umgerannt. Mir war nur wichtig, erst mal vorbeizukommen an denen. Mein einziger Gedanke war: Wir müssen unbedingt vermeiden, dass die da oben eindringen. Oder was auch immer die da oben machen wollen. Innerhalb weniger Minuten waren alle massiv in Widerstandshandlungen auf der Haupttreppe des Reichstages involviert. Nach drei Minuten gab es bereits neun verletzte Kollegen, die auf der Treppe angegriffen wurden. Zum Glück nur leicht verletzt. Faustschläge, Angriffe mit Fahnenstangen, Fußtritte, Stürze auf der Treppe, weil sie geschubst wurden.

»Der Polizist, der ohne Helm den Reichstag verteidigte«, haben sie mich später genannt. Dass ich ohne Helm rannte, ist dem geschuldet gewesen, dass er auf dem Fahrzeug geblieben ist. Irgendwann wird ja mal eine freie Minute kommen, meinen Helm zu holen, hatte ich gedacht. Als die Menge mehr wurde, es dann über 1000 Menschen waren, da habe ich den Gedanken natürlich öfter gehabt.

Ich habe es nur mit fünf weiteren Kolleginnen und Kollegen geschafft, oben auf das Hauptplateau zu kommen. Fünf Männer, eine Frau. Junge Kollegen. Sechs gegen 400. Drei auf der rechten Seite des Hauptportals, die anderen drei links. Wir haben dann natürlich versucht zu verhindern, dass die Menge in den Reichstag gelangt. Mit dem Schlagstock, dem Tonfa, haben wir uns die Menschen vom Leib gehalten. Pfefferspray wurde eingesetzt. Widerstand gegen Vollstreckungsbeamte ist eine Straftat. Da hat man natürlich die rechtliche Handhabe, wenn es Angriffe auf Kolleginnen und Kollegen gibt, Hilfsmittel der körperlichen Gewalt einzusetzen.

Das war eine Stresssituation. Eine Ausnahmesituation. Und es sind auch natürlich Kollegen dabei gewesen, die solche Einsätze noch nie in ihrem polizeilichen Leben gemacht hatten. Von daher muss ich mal wirklich sagen, alle haben richtig gut reagiert. Alle waren in Abwehrhaltung mit dem Schlagstock, obwohl es teilweise lebensbedrohlich wirkte. In solchen Situationen ist dann auch nicht auszuschließen, dass junge Kollegen vielleicht eine Schusswaffe ziehen, was jedoch nicht getan wurde. Ich musste zwei Männer vor mir wegschubsen, um mir etwas Platz zu verschaffen.

Unmittelbar vor mir stand ein junger Mann mit seinem Handy. Er hat mir dann immer nur entgegengebrüllt, er wäre Journalist, er wäre Journalist. Um nicht von den Maßnahmen betroffen zu werden. Er hat also die ganze Zeit Journalist, Journalist gerufen, und ich habe ihm aber gesagt, dass mir das ziemlich egal ist.

»Ich möchte, dass du runtergehst«, habe ich geschrien. Das werde ich nie vergessen. Die sollen hier bitte alle runtergehen, die Treppe verlassen. Immer wieder habe ich das geschrien, extra laut, damit das alle oben hören.

Circa drei bis fünf Minuten hat es gedauert, bis uns eine ganze Einheit aus Brandenburg unterstützt hat. Die Leute wurden runtergedrängt, weg von der Treppe.

Doch der Sturm hallte nach: Es gab Übergriffe in mein Privatleben. Ich habe massive Anfeindungen im Netz bekommen. Ich bin privat in einem Kegelverein. Da ist dann jemand an meinen Vereinsvorstand herangetreten und hat allen Ernstes die Frage gestellt, wie mein Club das mit sich vereinbaren könne, mich dort als Mitglied zu haben, obwohl ich während des Sturms massiv mit Pfefferspray auf kleine Kinder gesprüht hätte.

Ich habe diese Person dann per E-Mail aufgefordert, solche Falschbehauptungen gegen meine Person zu unterlassen. Danach gab es einen Bericht bei Google: »Karsten Bonack will uns anzeigen.« Weil ich dem gesagt habe, dass er falsche Tatsachen behauptet. Ich habe nicht mal Pfefferspray benutzt in diesem Einsatz. Ich hatte nur mein Funkgerät.

Dass der Sturm so Wellen schlägt, dass die Bilder um die Welt gehen, war mir in dem Moment gar nicht bewusst. Für mich war in erster Linie wichtig: Es ist meine Aufgabe, hier zu verhindern, dass man das Parlament stürmt. Später ist mir klar geworden, dass ich in einer geschichtsträchtigen Situation war. Auch wenn das weltgeschichtlich nur eine kleine Sache war. »Euer Vater hat heute Geschichte geschrieben«, habe ich meinen Kindern gesagt.

Auf solchen Einsätzen wurde mir oft vorgehalten, ich würde als Polizist das Grundgesetz mit Füßen treten. Weil ich nicht sehen würde, dass es hier undemokratisch sei, es kein Rechtsstaat wäre, die Würde des Menschen wäre unantastbar. Und so weiter und so fort. Ich frage mich dann immer: Wenn ich permanent angeschrien werde, angespuckt werde und beleidigt werde – wo ist da eigentlich mein Recht auf Artikel 1 des Grundgesetzes? Weil da steht nämlich nicht drinnen, dass Polizisten davon ausgeschlossen sind. Meine Würde ist auch unverletzlich.

Knapp vier Jahre ist es her, dass die Stufen des Reichstages gestürmt wurden. Noch immer wird von vielen behauptet, man wollte da oben, auf der Treppe, nur ein paar Selfies machen. Aber ich stand da oben und habe mir angehört: »Wir wollen da rein, lasst uns rein.« Da hat kein einziger gebrüllt: »Lasst uns mal ein Selfie machen.«

»KANNST DU EIGENTLICH DEINE
EIGENE WÄSCHE WASCHEN?«

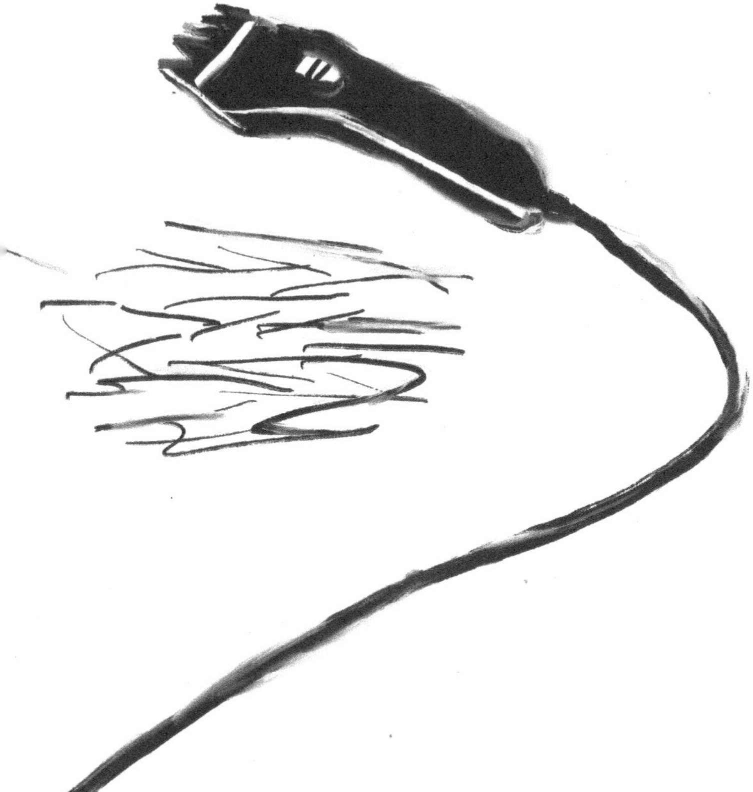

»KANNST DU EIGENTLICH DEINE EIGENE WÄSCHE WASCHEN?«

KATHARINA RECKERS (29)
AUTORIN UND SPORT-
JOURNALISTIN,
BRANDENBURG

Ich war damals 16, in der zehnten Klasse und schlichtweg genervt. Vom Leben, von der Schule, von meinen Eltern. Als mich der Dorfbus an diesem kalten Tag im Februar um 14:25 Uhr nach der Schule in meinem kleinen Heimatort in Brandenburg absetzte, war Mama schon zu Hause. Das war ungewöhnlich, um diese Zeit arbeitete sie sonst in der Kita als Erzieherin.

Ich dachte mir nichts dabei und wollte schnellstmöglich in meinem Zimmer verschwinden. Nichts da. Mama rief mich zu sich. Sie war oben in der kleinen Waschküche. Wir lebten in einem Fachwerkhaus. Es war immer überall etwas kühl und roch nach Holz. Doch in der Waschküche war es an diesem Tag angenehm warm, ein blumiger Persil-Duft lag in der Luft. Schnell hüpfte ich die Treppe hoch und betete innerlich, dass sie jetzt nicht so was Nerviges wie Spülmaschine ausräumen oder Einkaufen von mir wollte.

»Was denn?«, fragte ich, als ich oben ankam. Ich sehe sie noch genau vor mir: Sie stand da, mit ihren kurzen schwarzen Haaren, in dem hellblauen Wollpullover von meinem Papa, den sie zu Hause gern trug, und hängte die Wäsche auf. Ich wartete in der geöffneten Tür, sie drehte sich um und blickte mich an. Sie wollte etwas klären, das spürte ich.

»Kathi, kannst du eigentlich deine eigene Wäsche waschen?«, fragte sie. Sie schaute mich an, irgendwie ernsthaft, liebevoll, sodass ich nicht sofort reagierte. »Also, könntest du das auch allein?«, hakte sie nach.

Schnell zeigte ich auf die kleine Öffnung in der Waschmaschine: »Hier Pulver rein und dann auf 40 Grad.« Dann drehte ich mich um und hüpfte die Treppe wieder runter. Mit einem komischen Gefühl.

Zwei Tage später bekam meine Mutter die endgültige Diagnose: Brustkrebs.

Sie holte mich an dem Tag von der Schule ab. Das tat sie sonst nie. Sie kam gerade vom Arzt. Im Auto sagte sie dann: »Sie haben etwas in meiner Brust gefunden. Wir müssen gucken, wie es weitergeht.« Die ganze Fahrt lang kämpfte ich mit den Tränen, um nicht zu weinen. Erst zu Hause ließ ich sie zu.

»Fortgeschritten, keine guten Aussichten«, erklärte Mama später. Papa hatte es natürlich als Erster gewusst, danach erst hatte meine Mutter es mir erzählt, dann meinem großen Bruder. Meinem kleinen Bruder sagten wir es als Letztem. Zusammen, als wir alle auf dem Sofa saßen. Wir vermieden es, das Wort Krebs zu benutzen.

Es begann ein Jahr mit intensiver Chemotherapie und Bestrahlung. Ein hartes Jahr, in dem meine Mama fast nie vor uns weinte. Nur ein Mal, als mein Papa ihr nach der ersten Chemotherapie im Badezimmer die Haare abrasierte, bemerkte ich, dass ihre Augen verquollen waren. Trotz schlechter Aussichten schaffte Mama den Kampf gegen den Krebs.

Als ihre Haare nachwuchsen, waren sie anders als früher: lockig und grau wie Mausefell. Mama hat sie eine Zeit lang stolz genau so getragen. Mittlerweile färbt sie ihre Haare wieder dunkel.

Ihre Brüste mussten nicht amputiert werden, an den Krebs erinnern heute nur einige Narben auf ihrem Körper: auf der Brust und im Dekolleté.

Und einige unsichtbare, wie Mama selbst sagt.

»SO EINFACH, MEINE DAMEN,
IST DAS EBEN NICHT, UND WENN
SIE NOCH SO LAUT STÖHNEN!«

»SO EINFACH, MEINE DAMEN, IST DAS EBEN NICHT, UND WENN SIE NOCH SO LAUT STÖHNEN!«

BIRTE MEIER (53)
INVESTIGATIV-JOURNALISTIN
UND FERNSEHAUTORIN,
BERLIN

Der Richter Ernst, Michael Ernst, man darf ihn nennen, saß eingerahmt zwischen seinen Schöffen. Einem Realschullehrer, glaube ich, im klein karierten Kurzarmhemd und einer Frau, vielleicht von der Arbeitgeberseite, im geblümten Kleid.

Mein Anwalt links, rechts von uns der Mitarbeiter des Justiziariats des ZDFs. Daneben der Anwalt der Gegenseite, forsch mit Kastenschuh und Bürstenschnitt. Ich saß also an meinem ersten Prozesstag im Raum des Berliner Arbeitsgerichts, einem Nachkriegsgebäude, das auch eine Möbelkette beherbergt. Es ging um viel Juristisches, aber weniger darum, warum ich nicht genau so viel wie meine männlichen Kollegen beim ZDF verdiente.

Der Richter sagte, dass Frauen ja auch weniger verdienen würden, weil sie schwanger würden.

»Ich habe aber gar keine Kinder«, sagte ich.

Dass die Männer eben besser verhandelt hätten, erklärte Richter Ernst weiter, so was nenne man Kapitalismus.

Irgendwann rief meine sehr liebe Freundin Amelie im Zuschauerraum: »Das ist ja wie im Mittelalter!«

Und da sagte Richter Ernst den schönen Satz: »Ruhe auf den billigen Plätzen.« Und mahnte mit einem Ordnungsgeld. »So einfach, meine Damen, ist das eben nicht, und wenn Sie noch so laut stöhnen.«

Das war einer der Momente, in dem sich mir aus Fassungslosigkeit der Magen umdrehte. Das ist eine Bemerkung, die da nichts zu suchen hat. Schon gar nicht von einem Richter, einem staatlichen Würdenträger.

Ich habe in diesen acht Jahren Verfahren, die ich gegen das ZDF geführt habe, irre viele Bezeichnungen gehört für »Erfahrungen«, von denen die Männer angeblich mehr hätten als ich. Mal war es die »Betriebszugehörigkeit«, mal die »Berufserfahrung«, mal aber auch eine bestimmte Berufserfahrung im öffentlich-rechtlichen Magazinjournalismus oder mal die »Funktionswahrnehmung«. Ich müsste es nachschauen. Die Liste der Gründe für ihre höheren Gehälter wurde jedenfalls ständig erweitert, sobald sich abzeichnete, dass ein Argument nicht überzeugte. Es waren wirklich, wirklich viele. Bei gleicher Arbeit.

2007 fing ich beim ZDF an, erst als Online-Redakteurin bei *Frontal 21*, nach einem knappen Jahr dann für die Fernsehsendung. Jahrelang habe ich gemeinsam mit Kollegen und Kolleginnen Beiträge, Dokus und große Wirtschaftsinvestigationen veröffentlicht, für die wir auch diverse Auszeichnungen erhielten. Über die »Retouren-Vernichtung« von Amazon beispielsweise oder die »Rent-a-Sozi-Affäre«: Eine Geschichte der SPD, die über eine Tochterfirma Termine ihrer Politiker und Politikerinnen an Lobbyisten verkaufte.

Zunächst war ich sogenannte »feste freie« Journalistin. Oder auch Pauschalistin. 40-Stunden-Woche, Büro im Sender, mit einem monatlichen Fixgehalt und Jahresverträgen, die immer wieder verlängert wurden. Irgendwann hat das ZDF einen neuen Tarifvertrag eingeführt, weil man offenbar befürchtete, dass Beschäftigte für eine Festanstellung klagen würden.

Diesen neuen Tarifvertrag, für langjährige Pauschalisten, bekamen in meiner Redaktion neun Personen: acht Männer. Ich war die einzige Frau. In diesem Vertrag gab es zwei Vergütungsgruppen: Die »Drei« für den einfachen Redakteur und die »Vier« für den besonderen. Die Männer, mit denen ich jahrelang auf Augenhöhe gearbeitet hatte, sollten alle in die Vergütungsgruppe Vier. Ich in die Drei. Das wurde mir natürlich nicht mitgeteilt, das musste ich erst erfragen. Dann habe ich mich hingesetzt und eine Excel-Tabelle aufgestellt: und bin sehr wütend geworden. Ich druckte die Zahlen aus und klebte die zwei DIN-A4-Seiten mit einem Tesastreifen zusammen. Die Summe, die ich hätte weniger bekommen sollen, wirklich viel Geld, habe ich mit einem Textmarker gelb angestrichen. Damit bin ich dann zum Chef gelaufen. Letzten Endes hat man mich hochgruppiert, aber ich sollte trotzdem weniger verdienen. Es lief darauf hinaus, dass die männlichen Kollegen eben mehr Seniorität hätten, Berufserfahrung, Betriebszugehörigkeit. Auf den ersten Blick sah das auch schlüssig aus. Bis es einige Jahre später, 2014, zu einer Weihnachtsfeier kam, nach der sich alles änderte.

Wir waren alle nicht mehr ganz nüchtern. Ich sprach mit einem Kollegen, der nach mir zum ZDF gekommen war, vielleicht 2011, ich war seit 2007 da.

Der Kollege kam also nach mir, hatte weniger Berufserfahrung und war nicht in meinem Tarifvertrag. Es stellte sich heraus, dass der junge Mann trotzdem mehr verdiente als ich. Damit war klar, dass die Begründungen, die man mir genannt hatte, beim besten Willen nicht zutreffen konnten.

Ich habe den damaligen Chefredakteur, die Gleichstellungsbeauftragte, den Personalrat angesprochen, bin abgewiegelt worden oder habe erst gar keine Antwort bekommen. Dann habe ich mit einem Anwalt eine sogenannte AGG-Beschwerde, also eine Beschwerde nach dem »Allgemeinen Gleichbehandlungsgesetz«, eingereicht, auf die hin auch keine schlüssige Antwort kam. Im Frühjahr 2015 haben wir dann Klage eingereicht. Dass das ZDF sich schwertun würde, war mir klar. So schwer, damit hatte ich nicht gerechnet. Womit ich auch nicht gerechnet hatte: mit diesem Komplettversagen des Rechtsstaates. Dass die Gerichte, vor allem die unteren Arbeitsgerichte, sich schlicht verweigerten, geltendes europäisches Recht anzuwenden.

Irgendwann hat mir der Sender einen Vergleich angeboten. Es wäre auf eine Gehaltserhöhung hinausgelaufen, aber ich hätte weiterhin weniger verdient als vergleichbare Kollegen. Das habe ich abgelehnt. Dann wurde es ungemütlich.

Geht eine Frau, die sich wegen Diskriminierung beschwert, nicht freiwillig, helfen Firmen schon einmal aktiv nach. In diesen Equal-Pay-Verfahren ist es normal, dass gestritten wird: Ist denn die Tätigkeit vergleichbar? Falls nicht, hat man nämlich das Problem vom Tisch. Also wird ein Arbeitgeber, der einem eben noch ein exzellentes Zeugnis ausgestellt hat, nun alles daransetzen, die Leistung zu schmälern, die Berufserfahrung zu schmälern, die Ausbildung zu schmälern. Alles, was die Tätigkeit ungleich macht, ist für ihn von Vorteil. Und das ist ein sehr unangenehmer Schriftwechsel. In so einem Verfahren muss man ja auch Zeugen benennen. Und wenn die direkten Vorgesetzten erst mal als Zeugen des Arbeitgebers dastehen, dann kann man sich vorstellen, wie viel Freude man noch im Büro hat.

Die erste Verhandlung fand Ende 2016 statt, nach ewigen Verschiebungen.

Bei einem Diskriminierungsverfahren gibt es keinen Zeitdruck, und das ist ein Irrsinn. Weil Gerichte und Politik damit eine Ungleichbehandlung zementieren: Es hat Folgen, wenn die wenigen Frauen, die klagen, keine Urteile erzwingen, auf die sich dann die nächsten wieder berufen können. Dann steht die nächste Frau wieder genauso allein da. Man könnte das Problem schnell lösen. Doch so müssen sich die wenigen Frauen immer wieder eine blutige Nase holen.

Ich habe in der ersten Instanz krachend verloren: also wirklich vollumfänglich krachend verloren.

Da spürte ich diese Fassungslosigkeit: »Ruhe auf den billigen Plätzen. So einfach ist das nicht.« Denn in Wahrheit ist es natürlich total einfach: Viele Männer meinen immer noch, sie verdienten mehr. Dafür nennen sie eine Vielzahl von Begründungen, aber keine einzige schlüssige. Die Folge ist ein achtjähriges Verfahrensmonster.

Und eine Versetzung. Technisch gesehen hat mich das ZDF nicht versetzt, sondern meine Abordnung nach Berlin nicht verlängert. Ohne mein Einverständnis. Ich arbeitete dann für den Spartensender in Mainz. Irgendwann habe ich gekündigt. Es war nie Ziel von mir, das ZDF zu ärgern oder die Gerichte. Mir ging es ausschließlich darum, gleich bezahlt zu werden.

Man bekommt ordentlich Wut, vor allem in der ersten und zweiten Instanz, gutes Benzin, so eine Wut. Da hat Richter Ernst rückblickend betrachtet auch seinen Teil daran: dass so, wie er geurteilt hat, heute nicht mehr geurteilt werden darf.

Mein erster richtiger Sieg war das Urteil des Bundesarbeitsgerichts im Jahr 2020. Das hat zwar noch nicht dazu geführt, dass ich Geld bekomme. Aber immerhin war das ein Präzedenzurteil, auf das alle anderen Frauen jetzt bauen können. Und die Politik wurde darin gerügt, weil sie seit 1976 bindende europäischen Richtlinien nicht umgesetzt hat.

Die Kosten des Verfahrens hat meine Rechtsschutzversicherung gezahlt, auch das erst nach erbittertem Streit.

Jetzt habe ich einen neuen Job, darüber bin ich sehr froh. Es hat mich also nicht die Karriere gekostet. Ob es das wert war? Für alle anderen Frauen war es das wert. Ich finde die Frage eigentlich falsch gestellt. Die Frage ist doch, was ist die Alternative?

Ich habe mich acht Jahre lang für etwas aufgerieben, um etwas durchzusetzen, was der Gesetzgeber mal eben mit einem Kugelschreiber hätte lösen können.

Am 29. August, 2023, konnte ich folgenden Satz posten:

»Finally. Acht Jahre später: Das ZDF hat überwiesen.«

»DEINE EINZIG WAHRE
FREUNDIN ANA«

»DEINE EINZIG WAHRE FREUNDIN ANA«*

LENA MECKENSTOCK (25)
HEILPRAKTIKERIN FÜR
PSYCHOTHERAPIE,
HAMBURG

* Anas Briefe sind folgender Quelle entnommen: https://pozellaneule.wordpress.com/anas-brief-1/

Ein Bild, das ich auf meinem Instagram-Account postete, beschreibt die Absurdität meiner Welt ganz gut: Es war ein Foto, auf dem stand: »Für jeden Like, den dieses Bild bekommt, hungere ich eine Stunde.«

Es gab Menschen, die das geliked haben, damit ich hungere.

Über 25 Likes. Dann ist der Account aufgeflogen.

Meine Familie wusste von der Magersucht, aber Ana konnten sie nicht sehen. Dieses Etwas, das über der Krankheit schwebte und alles verschlang. Ich musste meinen Account löschen, habe Ärger bekommen, auch in der Klinik. Doch niemand hat nachgefragt: Wer ist diese Ana eigentlich? Erst Jahre später würde ich ihnen von ihr erzählen.

Angefangen hat alles am 4. Januar 2014. Zu diesem Zeitpunkt hatte ich eine »atypische Magersucht«. Eine Diagnose, die mein ganzes Leben schwer gemacht hat. Nicht weil es die Diagnose »Magersucht« war, sondern weil es diese Halb-Diagnose war. Atypisch heißt, dass nicht alle Symptome für eine »echte Magersucht« vorhanden sind. Und wenn du keine echte Magersucht hast, dann nimmt dich deine Familie nicht ernst, dein Umfeld nicht, die Lehrkräfte nicht. Niemand nimmt dich für voll.

Das heißt: Du bist krank, aber nicht mal das schaffst du richtig.

Irgendwo hatte ich damals den Begriff »Pro Ana« aufgeschnappt. Eine Bewegung von überwiegend jungen magersüchtigen Frauen im Internet. Über ihnen schwebt, wie eine Freundin, aber unsichtbar, Ana. Und sendet Anweisungen.

Ich, 15 Jahre alt, dachte: Das ist doch spannend. Ich bin neugierig, schon immer gewesen. Und zu dem Zeitpunkt war ich schon seit zwei Jahren krank. Ich dachte, ich gehe in so eine Pro-Ana-Whatsapp-Gruppe und schaue mir mal die Mädchen an, die das

Hungern feiern. Und dann bin ich schlauer – und kann wieder gehen. Konnte ich nicht.

Eine Woche dauerte es, da waren diese jungen Frauen für mich meine Freundinnen und meine Familie.

Und Ana saß mittendrin und hat uns alle jeden Tag begleitet.

Ihr erster Brief wurde einfach irgendwann in die Whatsapp-Gruppe gepostet:

> *Mein Name, oder wie ich von sogenannten Ärzten genannt werde, ist, Anorexie. Mein vollständiger Name ist Anorexie Nervosa, aber du kannst mich Ana nennen. Ich hoffe, wir werden gute Freunde. In nächster Zeit werde ich viel Zeit in dich investieren, und ich erwarte das gleiche von dir (…).*

Diese Briefe kursieren einfach im Internet, sie sind leicht auffindbar. Zu leicht. Hätte ich Anas Brief am Anfang gelesen, wäre ich nie in diese Gruppe gegangen, weil ich rational gesehen heute denke: Was für ein Schwachsinn. Wer schreibt denn so was?

> *Ich habe dich geschaffen, dieses duenne, perfekte, seine Ziele erreichende Kind. Du gehoerst mir. Mir ganz allein! Ohne mich bist du nichts mehr. Also kaempfe nicht gegen mich an. Wenn die anderen Kommentare abgeben, ignoriere sie. Mach dir nichts draus und vergiss, was sie gesagt haben. Vergiss jeden, der versucht mich dir wegzunehmen. Ich bin dein groesster Schatz, und ich habe die Absicht, dass das auch so bleibt (…).*

Der zweite Brief endet mit den Worten: »Deine einzig wahre Freundin Ana.«

Ein Satz, der zu meinem, zu unser aller Manifest wurde. Man müsste herausfinden, welcher Mensch für diesen Brief verantwortlich ist und den verurteilen.

Ich werde dich an deine Grenzen treiben. Du musst es ertragen, weil du dich mir nicht wiedersetzen kannst. Ich fange an, mich in dir einzunisten. Ziemlich bald bin ich immer bei dir. Ich bin da, wenn du morgens aufwachst und zur Waage rennst. Die Zahlen werden beides sein – Freund und Feind! Und mit rasenden Gedanken betest du, sie moegen niedriger sein als gestern oder am letzten Abend. Du siehst mit Schrecken in den Spiegel. Du kneifst dir in das Fett, das da ist und du laechelst, wenn du ueber Knochen streichelst.

Wie genau kam ich in diese WhatsApp-Gruppe? Ich war in einem Forum, in dem junge Menschen zu eben solchen Gruppen aufrufen. Da habe ich von einer, ich nenne sie Lissy, diesen Aufruf gesehen. Ich schickte Lissy meine Maße, wie groß ich war, wie viel ich wog, mein Höchstgewicht, mein Wunschgewicht, mein Tiefstgewicht. Und das war in ihren Augen in Ordnung.

Um 20:18 Uhr bin ich in die Gruppe aufgenommen worden. »Ich bin 15 Jahre alt, 1,66 groß, wiege ungefähr 50 Kilogramm«, schrieb ich.

Seit diesem Tag waren wir 24 Stunden, sieben Tage die Woche, miteinander verbunden. Als ich einmal aus einer zweistündigen Klausur kam, hatte ich über 100 Nachrichten. Während der Schulzeit.

Wir waren junge Mädchen: die Jüngste 13, die Älteste 15. In der Gruppe haben wir über alles geredet, aber natürlich ganz viel darüber, wie wir abnehmen und was es für Diättipps gibt, und wir haben kleine Challenges miteinander gemacht, wer wie viel in einer Woche abnehmen könne. Wir schickten uns Waagenbilder, Fotos von den Schlüsselbeinen, von den Rippen, und spornten uns an, diese Krankheit zu schützen. Und damit auch Ana.

Ziemlich schnell, im Sommer 2014, war ich nicht nur Teil dieser Gruppe – ich habe sie sogar *geleitet.* Ich suchte neue Mädchen aus, die dazukommen durften, ließ mir Maße und Gewicht schicken, habe selbst Aufrufe gemacht und Essensregeln aufgestellt, die für alle galten: Maximum x Kalorien pro Tag, jeden Mittwoch musste ein Foto von der Waage geschickt werden, jeden Sonntag vom Körper. Wenn man das nicht machte, dann flog man eben raus.

Hatte man Sorge, eine Fressattacke zu bekommen, sollte man das in die Gruppe schreiben. An der Stelle muss man sagen, eine Fressattacke meint nicht das, was man bei Bulimie darunter versteht, zweieinhalbtausend Kalorien aufwärts. Für uns bedeutete eine Fressattacke: ein Apfel und drei Stück Schokolade. Wir dachten, dass wir einander etwas Gutes tun, wenn wir uns davon abhalten zu essen.

Wir haben in unserer Gruppe mehrfach Suizidversuche verhindert. Wir waren alle gefährdet, hatten kein Selbstwertgefühl, waren außerhalb der Gruppe isoliert. Mit 15. Wir haben dann einfach konstant die ganze Nacht durchgeschrieben. Das vergisst du nicht. Das war das Einzige, was wir füreinander tun konnten. Wir hatten keine Adresse, keine Nachnamen voneinander, hätten keinen Rettungswagen rufen können. Eine erzählte mir nach Ende der Gruppenzeit, dass sie es definitiv gemacht hätte. Ohne uns.

Wir haben uns nie im echten Leben getroffen. Erst nach der Gruppenzeit lernte ich zwei der Mädchen persönlich kennen. Man kann dann nicht so tun, als ob man normal befreundet wäre.

Ana war unsere beste Freundin. Sie brauchte keine Gestalt. Es klingt bescheuert, aber sie war irgendwie größer. Trotzdem habe ich mir viel Mühe gegeben, mir sehr lange einzureden, dass sie kein Teil unserer Gruppe ist. Dass ich stärker bin und alles supergut hinbekomme. Ich nicht so krank bin wie alle anderen Mädchen in der Gruppe. Körperlich war Ana nicht präsent, aber trotzdem da. Sie war die Grundlage, dass es uns gab – als kleine Familie.

Ich wollte mir unbedingt einreden, dass Ana keine Macht hat. Bis es irgendwann nicht mehr ging. Bis ich feststellte, dass sie zugepackt hat und nicht mehr losließ.

Es gibt Anas ersten Brief, einen zweiten, einen dritten Brief und ihre zehn Gebote:

Wenn ich nicht dünn bin, kann ich nicht attraktiv sein. Dünn sein ist wichtiger als gesund sein. Ich muss alles dafür tun. Ich darf nicht essen, ohne mich schuldig zu fühlen. Die Anzeige der Waage ist wichtiger als alles andere (…). Du bist nie dünn genug. Du darfst niemandem von mir erzählen.

Ana trat auf in Form der Briefe, wie Gott in Form der Bibel. Außerhalb der Gruppe über sie zu sprechen, war streng verboten. Das Allerwichtigste: »Niemand darf von mir wissen.« Das ist das, was Ana immer wieder in ihren Geboten sagt.

Sie zeigt dir auf: »Wenn du mich verrätst, dann stürzt das hier alles ein. Dann stürzt dein ganzes Lügengerüst ein. Du steckst so tief in der Scheiße, du belügst dein ganzes Umfeld, deine beste Freundin, und du belügst deinen Freund, deine Eltern, deinen Bruder, alle. Wenn du ihnen von mir erzählst, bin ich weg.« Diese Angst davor, verurteilt zu werden, zu wissen, dass man etwas falsch gemacht hat. Und dann noch das Einzige zu verlieren, was einem wichtig ist.

Das ist das Perfide, was Ana da aufbaut: dass sie dich so von sich abhängig macht und gleichzeitig dafür sorgt, dass, wenn du gehst, niemand da ist, der dich auffängt. Weil es niemand verstehen kann.

»Deine einzig wahre Freundin Ana« bedeutet ja auch: Wenn sie weg ist, hast du keine andere mehr.

Hunger ist eine Hure, die tanzt und lockt und sich verkaufen will. Die Fettpolster an deinen Hüften sind der Beweis dafür, dass dein Hunger nur eine trügerische Gaukelei ist: Du brauchst kein Essen, denn dein Körper kann aus diesen Reserven zehren. Ist der kurze Augenblick des Genusses die Qual eines solchen Körpers wert? Einen Wimpernschlag lang entfaltet sich der Geschmack auf deiner Zunge, bevor du schluckst und die Nahrung direkt in deinen fetten Oberschenkel gleiten lässt. In deinen Bauch.

Es gibt Nachforschungen, wer diese Briefe geschrieben haben könnte. Die Pro-Ana-Szene ist immer noch aktiv. Deswegen rede ich drüber. Weil es immer noch ganz viele junge Mädchen gibt, die in dieser Welt gefangen sind. Ich glaube, dass Anas Welt viel zu groß ist, als dass es nur ein Einzelner hinter dem Rechner sein kann. Das ist nicht das Werk eines einzigen Menschen.

Ana war eine Frau, das war uns wichtig. Es ging ja darum, dass wir alle sein wollten wie sie. Gerade für mich, in meiner Position, die das Ding geleitet hat. Wir waren im Laufe der Zeit fast 20 Mädchen. An fast alle erinnere ich mich. Das ist der Grund, warum ich Präventionsarbeit machen möchte. Weil ich mich nicht in der Opferrolle verstecken kann, sondern weil ich ganz genau weiß, dass ich Verantwortung trage. Ich könnte sagen, wären sie nicht in meiner Gruppe gelandet, dann in einer anderen. Aber das wäre zu leicht. Sie sind bei mir gelandet, und daran habe ich Schuld.

2015 war es, da begannen sich einzelne Mädchen untereinander zu streiten: Wenn sie in der Gruppe bleibt, dann bleibe ich nicht. Wir waren alles 15-, 16-jährige Teenies. Neben all der Scheiße, die da passierte, waren wir auch einfach eine ganz normale Mädelsclique, die über Liebeskummer redet, über das erste Mal betrunken sein und eben auch über: Deine Eltern haben mehr Geld, du hast Markenklamotten, und ich finde dich scheiße. So sind Mädchen.

Es war niemals eine Entscheidung zu gehen, ich stand einfach vor einem Scherbenhaufen. Ich habe es nicht einmal geschafft, mich von Ana zu trennen, sie hat uns zusammengebracht, sie hat uns kaputtgemacht. Sie hat das Einzige, was uns wichtig war, diese Freundschaft, die wir miteinander hatten, zerstört. Ihre Worte nichts als Lügen. Und dann stehst du da und bist wütend auf Ana. Du hast die einzigen Freundinnen verloren, die alles von dir wussten. Und du hast draußen eine Scheinwelt und ein Doppelleben. Zwei Jahre lang alle belogen. Und jetzt niemanden mehr, mit dem du darüber reden kannst.

Ende 2015 waren nur noch drei Mädchen übrig. Die Gruppe gibt es bis heute, aber sie ist seit Anfang 2017 komplett inaktiv. Drei

Jahre dauerte es, nach Ende der Gruppenzeit, dass ich mich zu meinen Eltern setzen und ihnen sagen konnte: Ich habe eine gute Nachricht, und ich habe eine schlechte Nachricht. Die schlechte Nachricht ist, ich habe euch fünf Jahre lang belogen. Die gute Nachricht ist: Ich schreibe ein Sachbuch darüber.

Für mich ist die Freundschaft mit Ana vorbei, der Kampf gegen sie meine Berufung. Ich habe eine unfassbare Wut auf all das, was passiert ist, auf dieses Internetphänomen. Aber wenn ich Ana meine Feindin nenne, dann personalisier ich sie wieder. Das möchte ich nicht mehr.

Ich habe mir ganz oft die Fragen gestellt: Was bin ich denn noch, wenn ich nicht mehr magersüchtig bin? Was bleibt von mir, wenn ich Ana abgebe? Ist dann nichts mehr von mir übrig?

Mit mir hast du Großes zu erwarten. Ein Leben auf der
Sonnenseite, gekrönt von unzähligen Triumphen.
Beweis den Anderen, mir und dir, was in dir steckt.
Bleib stark, kleine Schwester.
Du weißt, wofür.
Deine – einzige – wahre Freundin,
Ana

Die WhatsApp-Gruppe ist noch immer auf meinem Handy. Griffbereit. Ich habe nicht vor, sie zu löschen. Das Gruppenbild habe ich in den Schriftzug »Enjoy Life« umgeändert, davor waren es irgendwelche dünnen Mädchen. »Reismädchen« hießen wir, weil wir nur Reis gegessen haben.

Die Gruppe hat nur noch zwei Mitglieder. Kathi und mich. Seit Januar 2017.

Ana ist nicht mehr da.

»SIE WERDEN DICH NICHT ANFASSEN«

»SIE WERDEN DICH NICHT ANFASSEN«

ELIZABETH WELLER (30)
STUDENTIN,
HOUSTON, TEXAS, USA

Oben im Kinderzimmer hatte ich schon ein paar Babysachen verstaut: einen rosa Strampler, bunte Söckchen, eine kleine Mütze. Am Kühlschrank klebten Bilder der letzten Ultraschalluntersuchungen. Ich spürte, wie sich etwas in meiner Gebärmutter verlagerte. Als am 10. Mai 2022 meine Fruchtblase platzte, war ich in der 18. Woche, saß am Küchentisch und frühstückte. Dann schoss dieser Wasserstrahl einfach aus meinem Körper. Und ich schrie, weil ich wusste, dass etwas falsch war.

Im Dezember haben mein Mann James und ich angefangen, es zu versuchen. Anfang Januar war ich bereits schwanger. Wir waren überrascht, dass es so schnell ging, weil ich von Familienmitgliedern umgeben bin, die alle eine ganze Weile gebraucht hatten, um schwanger zu werden.

In der 17. Woche hatte man uns gesagt, dass wir ein Mädchen erwarteten. Wir hatten einen Anatomie-Scan gemacht, der keine Probleme ergab, und die im ersten Trimester angebotenen Gentests übersprungen. Ich wurde mit einer körperlichen Behinderung geboren. Wenn mein Baby irgendwelche körperlichen Beschwerden gehabt hätte, hätte ich niemals abgetrieben.

James fuhr mich zum nahe gelegenen Woodlands Hospital. Ein Ultraschall bestätigte: Das schützende Kissen aus Fruchtwasser war verschwunden. Es gab noch einen fötalen Herzschlag, aber der konnte jeden Moment aufhören. Wenn mein Körper beschloss, den Geburtsvorgang einzuleiten, würde ich ein Kind von 18 Wochen und 6 Tagen zur Welt bringen, ganz gleich wie.

Meine Gynäkologin betrat leise das Krankenzimmer. Sie blickte mich an und sagte: »Wir haben zwei Optionen: Die Schwangerschaft aus ›medizinischen Gründen‹ beenden, weil ein lebensbedrohlicher Notfall vorliegt.«

Wir könnten aber auch versuchen, bis zur 24. Woche schwanger zu bleiben, was als Beginn der Lebensfähigkeit außerhalb der Gebärmutter gilt. Doch die Überlebenschancen meiner Tochter in meinem Bauch lagen ohne Fruchtwasser unter einem Prozent. Zudem hätten wir ein viermal so hohes Risiko für eine Gebärmutterinfektion, was zu einer Sepsis, einer Hysterektomie oder zum Tod führen könnte. Im Jahr 2012 starb eine Frau in Irland, nachdem ihre Fruchtblase in der 17. Woche platzte und die Ärzte ihr eine Abtreibung verweigerten. Der Fall löste eine Bewegung aus, die 2018 zur Aufhebung des irischen Abtreibungsverbots führte.

Unsere Tochter würde so oder so sterben. Mein Mann und ich entschieden, dass wir die Schwangerschaft beenden wollten, die Risiken für meine Gesundheit waren einfach zu hoch. Die Ärztin kam am nächsten Morgen in mein Zimmer. Wir hatten uns in dieser Nacht von unserer Tochter verabschiedet und um sie getrauert. Wir sagten der Ärztin also, dass dies unsere Entscheidung sei, und sie antwortete: »Okay. Lasst uns weitermachen. Ich muss von der Einleitung der Geburt noch die Genehmigung einholen.« Nach sechs Stunden Streit mit der Verwaltung des Krankenhauses kehrte sie an mein Bett zurück und fing an zu weinen.

Sie blickte auf meinen Bauch und sagte: »Sie werden dich nicht anfassen.«

Mein Mann begann zu schreien.

Grund war das sogenannte »Heartbeat Bill«, das texanische »Herzschlag-Gesetz«. Seit September 2021 sind Schwangerschaftsabbrüche in Texas untersagt, sobald der Herzschlag des Fötus festgestellt worden ist. Das kann schon in der sechsten Schwangerschaftswoche der Fall sein. Viele Frauen wissen zu diesem Zeitpunkt nicht einmal, dass sie schwanger sind. Seitdem haben Tausende von Frauen Texas verlassen, um in anderen amerikanischen Bundesstaaten Abtreibungen vornehmen zu lassen. Und seit der Entscheidung des Supreme Court, Roe versus Wade zu kippen, wird es immer schlimmer, ein altes Gesetz von 1925 soll wieder in Kraft treten und ein weiteres hinzukommen, das sogenannte »Trigger Law«. Das Problem: Die neuen Abtreibungsverbote – oder die alten Gesetze, die wiederbelebt werden – werden von Gerichten nicht geprüft. Viele bieten keine Ausnahmen für Vergewaltigung, Inzest oder fötale Anomalien. Das Herzschlag-Gesetz macht eine Ausnahme bei einem »medizinischen Notfall«. Doch niemand weiß genau, was der Gesetzgeber damit meint. Ein Graubereich. Die Folgen sind lebensgefährliche Verzögerungen bei der Behandlung von Patientinnen.

Unser Fehler war, dass wir uns nach dem Platzen meiner Fruchtblase für Antibiotika entschieden hatten, weil man mir gesagt hatte, das jetzt die Gefahr einer Infektion bestand. Ich hatte zwar Krämpfe, Blutgerinnsel, Ausfluss, der die Farbe wechselt, aber das Krankenhauspersonal erklärte, dass dies noch nicht die Symptome einer lebensgefährlichen Infektion in meiner Gebärmutter seien, da ich davor die Antibiotika genommen hatte. Hohes Fieber würde ich brauchen. Schüttelfrost. Mein Ausfluss musste dunkler sein. Und es musste übel riechen. Genug, um mich zum Würgen zu bringen.

Man sagte mir, dass ich entweder hierbleiben oder zu Hause warten könne, bis ich krank genug bin. Ich sollte also auf den Tod meines Babys oder meinen eigenen warten, obwohl die Ärzte wussten, dass mein Baby nicht überleben würde.

Ich verstand: Als Frau ist man in Texas für die eigene Schwangerschaft irrelevant. Wir haben nie direkt nach einer Abtreibung gefragt, sondern immer um eine frühe Einleitung der Geburt gebeten. Doch man erklärte uns, dass meine Situation als Abtreibung zu bewerten wäre. Hätten die Ärzte eine frühzeitige Einleitung vorgenommen, wären sie zivilrechtlich belangt worden, und das gesamte Netz der Methodist-Krankenhäuser wäre möglicherweise temporär geschlossen worden.

Nach texanischem Recht können Kliniken von fast jedem wegen einer Abtreibung verklagt werden, das können Eltern oder ein Taxifahrer sein. 10 000 Dollar sollen Kläger erhalten, wenn sie erfolgreich sind.

Wir beschlossen, nach Hause zu gehen. Kaum zur Tür raus, noch auf dem Parkplatz, klingelte mein Telefon. Eine Angestellte aus der

Klinik: »Hallo, Miss Weller, ich rufe an, um Sie für Ihren Entbindungstermin am 5. Oktober anzumelden. Freuen Sie sich auf die Geburt?« Ich weiß heute, dass es nur ein schrecklicher Zufall war, ein bürokratisches Versehen. Und doch stand ich auf dem Parkplatz und schrie. »Nein, Ma'am«, schluchzte ich.

Am nächsten Tag, einem Donnerstag, fing ich an, mich zu übergeben. Als ich im Krankenhaus anrief, sagte man mir, dass Übelkeit und Erbrechen als Symptome nicht reichten. Am Freitag fühlte ich seltsame Dinge in meiner Gebärmutter. Ich lag im Bett und fragte mich, wie nahe ich dem Tod wohl war. Und ob der Herzschlag meines Kindes vielleicht aufgehört hatte. Ich rief meine Ärztin an. In der Praxis drehte sie die Ultraschalllautstärke herunter, damit ich nichts hören musste. »Es gibt einen Herzschlag«, sagte sie. »Und er ist stark.«

Es war niederschmetternd, das zu hören. Nicht, weil ich wollte, dass mein Baby stirbt, sondern weil ich wollte, dass diese Hölle endet. Meine Gynäkologin teilte mir mit, dass das Methodist Hospital für meinen Fall ein Ethikkomitee zusammengestellt hatte. Sie sagte aber auch, dass das Komitee vor allem alles zusammengetragen habe, um sich vor jeder Klage von mir zu schützen. Ich solle mir also nicht zu viele Hoffnungen machen.

Noch im Arztzimmer zückte James sein Handy und begann, nach Flügen zu suchen. Nach New Mexico oder Denver, damit wir eine legale Abtreibung bekämen. Meine Gynäkologin erklärte aber auch, dass es gefährlich wäre: »Dies ist Ihre erste Schwangerschaft. Sie wissen nicht, ob Sie im Auto vielleicht verbluten werden.« Als ich aus der Praxis kam, spürte ich plötzlich, wie ein Schwall aus mir herauskam. Wir gingen nach Hause und schauten nach, was es war. Es stellte sich heraus, dass sich mein Ausfluss in ein leuchtendes Gelb verwandelt hatte. Die Farbe war dunkler, der Geruch faulig. Genug, um mich zum Würgen zu bringen. Als ich die Arztpraxis anrief, wurde mir gesagt, wir sollten direkt in die Notaufnahme fahren, schnell. Bevor wir losfuhren, steckte ich etwas Toilettenpapier mit meinem Ausfluss in einen Ziplock-Beutel, um es mitzunehmen.

Es war mein Beweismittel. »Schaut! Öffnet es. Riecht es selbst. Ihr werdet mir nicht noch einmal sagen, dass das, was ich erlebe, nicht real ist.« Ich musste den Beutel nie benutzen.

Als wir das Methodist erreichten, bekam ich einen Anruf: Das Ethikkomitee habe eine Entscheidung getroffen. Unbekannte, namenlose Ärzte hatten sich darauf geeinigt, dass meine Geburt in dieser Nacht eingeleitet werden konnte.

Mitternacht kam und ging verschwommen. Am Samstag, dem 14. Mai, gegen zwei Uhr morgens, brachte ich meine Tochter zur Welt. Sie wurde, wie erwartet, tot geboren. Sie legten mir dieses wunderschöne Mädchen in meine Arme. Sie war so klein. Ich sagte ihr: »Es tut mir so leid, ich konnte dir kein Leben geben.« Sah auf ihre kleinen Hände und weinte.

»ICH GLAUBE, WIR HABEN
HIER EIN PROBLEM«

»ICH GLAUBE, WIR HABEN HIER EIN PROBLEM«

SILKE BURMESTER (58)
PUBLIZISTIN, MODERATORIN
UND AUTORIN,
HAMBURG

Ich gehe wahnsinnig gern gut essen, und ich ziehe mich wahnsinnig gern schön an. Also nahm ich eine Verabredung mit meiner langjährigen Freundin zum Anlass, um eine leuchtend türkisfarbene Bluse mit ausladenden Ärmeln anzuziehen. Ein Hingucker. Ich war Anfang 50, und meine Freundin hatte mich in die Hamburger Innenstadt eingeladen. Ein teures, auf Schicksein ausgelegtes Restaurant, in dem wir den Abend verbringen wollten.

So saßen wir in dem stylisch-gediegenen Ambiente schwerer mit Leder bezogener Stühle und getäfelter Wände und hatten die Karte bekommen – und das war es mit der Aufmerksamkeit. Schon das Getränk zu bestellen – schwierig: Einfach niemand, niemand, niemand guckte zu unserem Tisch. Wir mussten einen vorbeieilenden Kellner anhalten, damit er unsere Getränkewünsche aufnimmt. Anschließend das Essen zu bestellen, war unmöglich. Über eine halbe Stunde lang passierte: nichts.

Ich hatte bereits von Frauen gehört, dass sie ab einem gewissen Alter in Restaurants nicht mehr gesehen werden würden. Mir passiert das nicht, hatte ich immer gedacht.

Die Zeit verging und verging. Es war nicht so, dass dort kein Personal war, es gab genug Servicekräfte. Alles Männer in unserem Alter. Männer in guten, fein gebügelten Hemden und mit strammer Körperhaltung. Meine Freundin und ich beobachteten, wie die Blicke der Kellner über unsere Köpfe hinwegglitten. Geradeso als segelten die Blicke übers Meer. Also wedelten wir. Mit sehr, sehr großen Speisekarten, zumindest die hatten wir bekommen. Es passierte weiterhin: nichts.

Schließlich beschlossen wir, die eine Kellnerin anzusprechen, die wir entdeckt hatten. Eine junge Frau in ihren Zwanzigern. Als sie an unserem Tisch vorbeikam, winkten wir sie heran. Ich habe sie angeblickt und gesagt: »Ich glaube, wir haben hier ein Problem.«

Dann schilderten wir, dass wir übersehen würden, dass ihre Kollegen einen Blick für alle Tische hätten außer für unseren. »Die sehen uns nicht. Die wollen uns nicht sehen«, sagten wir.

Ich erklärte, dass das sehr ärgerlich sei, denn wir wären hier, um einen schönen Abend zu haben, deswegen hätten wir das Restaurant ausgesucht. Und dann fragte ich sie, ob sie bereit sei, sich unserer anzunehmen, damit wir uns nicht weiter ärgern müssten.

Sie war überrascht, hat aber sofort verstanden. Obschon sie noch jung war, war keine Erklärung mehr notwendig.

Sie sagte, es täte ihr leid und dass sie das nach der Schicht ansprechen würde. Weil das überhaupt nicht ginge.

Ab dem Moment hatten wir einen sehr tollen Abend – und natürlich haben wir ihr viel Trinkgeld gegeben.

Und nachdem wir freudvoll großzügig getippt hatten, haben wir gedacht, wie wahnsinnig dämlich es ist, Frauen in unserem Alter zu ignorieren. Wenn Frauen unseres Alters in teure Restaurants gehen, dann wollen sie Geld ausgeben. Selbst verdientes Geld. Für gutes Essen, für eine gute Zeit. Dadurch, dass insgesamt die Aufmerksamkeit uns gegenüber so deutlich geringer wird, freuen wir uns über die, die wir bekommen – und sind mit dem Trinkgeld entsprechend großzügig. Es ist, wie für Sex zu bezahlen. Wir bezahlen für den Sex am Tisch.

Ich habe später noch mal genauer hingeguckt: Männliche Servicekräfte sehen und reagieren auf die männlichen Gäste, weil Männer in der Regel das Geld haben. Und sie sehen und reagieren auf junge Frauen, denn auf der Ebene flirten sie. Kellner haben den patriarchalen Blick: Der Mann hat das Portemonnaie, junge Frauen sind das Beiwerk und dazu da, dass man mit ihnen flirtet. Deswegen gehen die Kellner an »Männer-Tische«, aber an Tische, an denen Frauen sitzen, die sie selbst nicht bumsen möchten, weil sie ja junge Frauen bumsen wollen, gehen sie nicht.

Ältere Frauen verschwinden aus der Wahrnehmung. Dabei ist es wichtig zu betonen: Wir sind genauso präsent wie vorher auch. Nur werden wir nicht mehr wahrgenommen. Das zu tun, uns nicht mehr wahrzunehmen, ist eine Entscheidung des Gegenübers, nicht unsere.

Ich mag das Alter, ich finde es nach der Pubertät die spannendste Zeit. Nämlich eine der Freiheit. Ich wollte schon länger ein Magazin machen für Menschen ab 65, weil ich denke, wir müssen ein neues Bild vom Alter schaffen. Denn wenn wir die Probleme, die uns die Überalterung unserer Gesellschaft bringt, nicht mit der Jugend zusammen gelöst bekommen, dann kriegen wir einen Clash der Kulturen. Dann wird das »Alt« gegen »Jung«. Es wird Verteilungskämpfe geben, auf allen Ebenen. Und die kann sich die Gesellschaft nicht leisten.

Ein Weg ist, Alter in seiner neuen Ausprägung zu zeigen, ihm Raum zu geben. Gerade meine Generation, ich bin 66 geboren, altert ja komplett anders als die Generationen vor uns. Beige ist keine Farbe.

Nach dem Restaurantbesuch – und nachdem ich diesen Satz an diesem Abend sagen musste – habe ich gedacht, ich mach das jetzt. Ich mache jetzt das Magazin. Aber ich mache es spitzer. Ich mache es für Frauen wie mich. Ich mache ein Online-Magazin für Frauen ab 47. Dann habe ich tatsächlich einfach losgelegt.

Die Frage ist immer, warum ab 47? Die Antwort ist ganz einfach: »Ein Magazin für Frauen ab 50« klingt schlimm. Das klingt nach *Bild der Frau*. Außerdem, keine Frau, die 48 ist, kauft ein Magazin, auf dem steht, »für Frauen ab 50«. Jede ist froh, dass sie erst 48 ist. Aber es wäre schade, diese Frauen nicht auch anzusprechen. Denn das, worum es bei unserem Magazin, *Palais F*luxx*, geht, sind die Veränderungen, die sich mit Ende 40, spätestens mit den Wechseljahren zeigen.

Wir haben zu diesem Zeitpunkt vieles seit 20 oder 30 Jahren gelebt und erlebt. Unseren Beruf zum Beispiel. Unsere Partnerschaft. Wir haben Kinder großgezogen, waren tagein, tagaus Mutter. Und auf einmal ist es damit vorbei. Die Kinder sind aus dem Haus, die

Partnerschaft ist in eine Starre gefallen oder der Beruf. Und dann steht die große Frage im Raum: Was kommt stattdessen? Wie soll das Leben weitergehen?

Bei mir war es der Beruf. Mein Beruf als Journalistin war auserzählt. Ich hatte wirklich viel erreicht, und es gab keine Entwicklungsperspektiven mehr. Weder finanziell, noch inhaltlich, noch was Aspekte einer Karriere betraf. Es ging nicht weiter. Dazu kommt, dass der Körper sich bei vielen Frauen mit Ende 40 enorm verändert. Er hört auf, der zu sein, den man kannte, und es stellt sich eine große Unsicherheit ein. Bis hin zur existenziellen Krise, weil mitunter alles, was man kannte, was das Leben ausgemacht hat, sich aufzulösen scheint. Sogar man selbst.

Es ist wie in der Pubertät. Es findet eine Metamorphose statt, und du weißt nicht, was am Ende herauskommt. Wer werde ich sein, wenn der Prozess abgeschlossen ist?

Es ist ein Abenteuer, eine Reise. Mitunter eine gewagte. Und nicht immer eine freiwillige. Auch kann man zwischendurch nicht anhalten oder aussteigen. Man muss an Bord bleiben und abwarten, wohin man gebracht wird. Das ist eine enorme Herausforderung.

Was ich großartig finde, ist, dass Altwerden, in den Wechseljahren zu sein, auch ein Rückgang des Östrogens bedeutet. Das ist unser Harmonie-Gen. Das Östrogen ist unter anderem dafür verantwortlich, dass wir Frauen uns kümmern, die Brut aufziehen, alle betüddeln. Wenn das Östrogen weniger wird, wird auch das Harmoniebedürfnis weniger. Frauen werden krawalliger. Renitenter. Mir gefällt das sehr. Ich finde Frauen, die sich widersetzen, die nicht alles mitmachen, die auf den Tisch hauen und sagen »Nein!« super. Und notwendig.

In diesem Kontext ist der Östrogenspiegel geradezu politisch. Und alles andere als ein Problem. Jedenfalls nicht das Problem von uns Frauen.

»EINMAL GYROS
ZUM MITNEHMEN?«

»EINMAL GYROS ZUM MITNEHMEN?«

MATTHIAS JÜRSS (63)
INGENIEUR,
HAMBURG

Meine Freundin und ich lebten in verschiedenen Städten und waren nicht verheiratet. Mitten am Tag auf der Arbeit hatte sie mich angerufen: »Übrigens, ich bin schwanger.« Ihr Bauch wurde größer und größer. Wir ließen uns bei pro familia beraten, welche Rechte ich als Vater hätte, wenn wir nicht heirateten. Als wir wieder auf die Straße traten, direkt vor pro familia machte sie mir einen Antrag.

Kurz darauf, im Januar 1991, zog ich zu ihr nach Hamburg, in eine kleine Altbauwohnung. Am Wochenende besuchten wir gemeinsam Geburtsvorbereitungskurse, heirateten.

Eines Tages, wir kamen gerade von einem Kurs nach Hause und standen im zweiten Stock des Treppenhauses, platzte die Fruchtblase. Viel zu früh – fast zwei Monate zu früh, um genau zu sein. Es waren die Abendstunden des 29. Aprils, neun oder zehn Uhr abends. Zwei Sanitäter kamen, um meine Frau im Sitzen vorsichtig das Treppenhaus hinunterzutragen. Ich habe versucht, mit meinem alten Auto Anschluss zu halten an den Krankenwagen. Erst auf dem Gelände des Krankenhauses hat mich der Krankenwagen dann doch abgehängt.

Als ich meine Frau fand, lag sie da, an Schläuche und ein CTG angeschlossen. Wir sahen auf ihren kleinen Bauch. Es gab keine Wehen, das schützende Fruchtwasser war verschwunden. Die Krankenschwester blickte auf den Apparat, dann kam ein Arzt.

»Die Herztöne Ihres Kindes werden unruhig«, sagte er. Dann wurde meine Frau Richtung OP geschoben. Türen knallten zu, ich zuckte zusammen. Knall, bum, knall, bum, daran erinnere ich mich.

»Sie dürfen hier nicht mit rein«, sagte eine Schwester. Ich setzte mich allein auf den Gang. Niemand redete mit mir. Schwestern kamen aus dem Raum und verschwanden wieder. Ich kam mir vor wie unsichtbar. Dabei saß ich ja dort, weil ich Vater wurde, und nicht weil ich irgendein Typ war, der sich aufwärmen wollte. Stunden vergingen. Nach Mitternacht öffnete sich endlich die Tür. Ein Arzt kam aus dem Kreißsaal. Er zog den Mundschutz herunter: »Sind Sie der Vater?«

Ich nickte.

Er hielt ein Bündel im Arm, in Silberfolie gewickelt. »Einmal Gyros zum Mitnehmen?«, fragte er und deutete auf seine Arme.

Vier Wörter, die alles für mich bedeuteten. An die ich mich klammerte. Einen solchen Scherz macht man nur, wenn man sicher ist, dass alles gut wird, alles gesund ist, dachte ich. Wegen der Wärme, erklärte mir der Arzt und strich über die silberne Folie. »Ihre Frau schläft noch«, sagte er. Mit dem Kind sei so weit alles gut, alles dran, dann sauste er los, mit Bündel Richtung Frühchen-Intensivstation. Krankenschwestern kamen und führten mich in eine Schleuse. Ich bekam eine OP-Vollmontur. Dann öffnete sich die Tür zur Frühchen-Intensivstation.

Durch einen Glaskasten habe ich dann den ersten Kontakt zu meiner Tochter aufgenommen. Meine Hand konnte ihre kleinen Finger kaum umfassen. In die Ecke ihres Brutkastens legte ich einen roten Stoffpapagei. Ich habe ihr und auch dem Frühchen neben ihr erzählt und vorgesummt, weil die Ärzte gesagt haben, dass das wichtig ist. Sie war so klein. Ein kleiner Furz. Faltig. Ein Würstchen.

Ich habe sie rausgenommen, in einer Hand ihren Kopf gehalten und mit voller Power versucht, nicht 700 Gramm fallen zu lassen.

DISCLAIMER

Bereits erschienen sind wortgleich oder auch in abgewandelter Form:
»Die Rakete, die dich tötet, wirst du nie hören«: *stern*
»Weißt du, wie man Soup-e Djo kocht?«: *SZ-Magazin*
»Sie werden dich nicht anfassen«: *SZ-Magazin*
»Das Eis sieht irgendwie schön aus«: *ZEITmagazin*
»Kannst du eigentlich deine eigene Wäsche waschen?«: *ZEITmagazin*
»Einmal Gyros zum Mitnehmen?«: *ZEITmagazin*

Genauer:

SZ-Magazin Nr. 31/2021, 05.08.2021: »Nicht ohne meine Mutter«
SZ-Magazin Nr. 41/2022, 13.10.2022: »Mein Bauch gehört mir«
ZEITmagazin Nr. 42/2022, 12.10.2022: »Unvergessliche Sätze«
stern Jahresendheft, 17.12.2023: »Und wir leben beide«

DANK

Ich danke den Menschen, die mit mir gesprochen haben, die auf mich zugekommen sind oder nachts um drei eine E-Mail geschickt haben. Ich danke meiner Freundin Katharina Reckers, die mir vor vielen Jahren erzählte, dass sie einen Satz ihrer Mutter nicht vergessen könne. Und damit den Anstoß für diese Idee gab. Ich danke meinen unerschütterlichen Freunden, die mir bei Übersetzungen oder Zoom-Calls ins Kriegsgebiet zur Seite gestanden haben: Karolina Kaltschnee, Ina de Vries, Ronja von Rönne, Sabrina Lettenmaier, Isabelle Zeiher und – Alexandra Steffens.

Ich danke Maya Brenner und Alekstana Tanasijenko für die Illustrationen und das schönste Cover.

Ich danke meiner Lektorin Doreen Fröhlich, für die beste Zusammenarbeit, die man sich vorstellen kann. Ich danke Gila Keplin, ohne die diese Idee nicht entstanden wäre, Isabella Jaross und dem Team des Goldmann Verlags. Ich danke Marcel Hartges. Und Michael Ebert fürs Mutmachen.

Ich danke meiner Mutter, für die vielen Stunden an meiner Seite. Und meinem Vater, für seinen Satz über das frühgeborene Baby, das bin ich.